INVENTAIRE.
X 22,335
AF332450

...men de préfecture, l'officier préalable-
ment entendu dans ses observations.

L'arrêté du préfet sera transmis immédiatement par lui au
ministère de l'intérieur. — Sur le rapport du ministre, la
suspension pourra être prolongée par une ordonnance du roi.
Si, dans l'intervalle d'une année, ledit officier n'a pas été rendu
à ses fonctions, il sera procédé à une nouvelle élection.

62. Aussitôt qu'un emploi quelconque de-
viendra vacant, il sera pourvu au remplace-
ment , suivant les formes établies par la présente loi.

63. Les corps spéciaux suivront , pour leur
formation et pour leurs élections , les règles
prescrites par les articles 38 et suivans.

	NOMBRE TOTAL D.		
	de 50 à 80	de 80 à 100	de 100 à 140	14
Capit. en 1er...	1	1	1	
Capit. en 2e...	1	1	1	
Lieutenans.....	1	1	2	
Sous-Lieut.....	1	2	2	
Sergent-major..	1	1	1	
Serg.-fourrier..	1	1	1	
Sergens........	4	6	6	
Caporaux.......	8	12	12	
Tambours......	2	2	2	

(20)

suivant les tableaux des articles 33 , 35 et 37.

Si plusieurs communes sont appelées à former une compagnie , les gardes nationaux de ces communes se réuniront dans
la commune la plus populeuse pour nommer leur capitaine ,
leur sergent-major et leur fourrier.

51. L'élection des officiers aura lieu pour
chaque grade successivement , en commen-
çant par le plus élevé , au scrutin individuel
et secret , à la majorité absolue des suffrages.

Les sous-officiers et caporaux seront nommés à la majorité
relative. Le scrutin sera dépouillé par le président du conseil
de recensement , assisté , comme il est dit dans l'article précédent , par au moins deux membres de ce conseil , lesquels
rempliront les fonctions de scrutateurs.

52. Dans les villes et communes qui ont
plus d'une compagnie , chaque compagnie
sera appelée séparément et tour à tour pour
procéder à ses élections.

53. Pour nommer le chef de bataillon et le
porte-drapeau , tous les officiers du bataillon
réunis à pareil nombre de sous-officiers , caporaux ou gardes nationaux , formeront une
assemblée convoquée et présidée par le maire
de la commune , si le bataillon est communal ,
ou par le maire délégué du sous-préfet , si le
bataillon est cantonnal.

Les sous-officiers , caporaux et gardes nationaux chargés de
concourir à l'élection , seront nommés dans chaque compagnie.
Tous les scrutins d'élection seront individuels et secrets :
il suffira la majorité absolue des suffrages.

54. Les réclamations élevées relativement
à l'inobservation des formes prescrites pour
l'élection des officiers et sous-officiers seront,

(17)

prescrire la formation et l'armement de c
pagnies ou de subdivisions de compagnie d
tillerie. L'ordonnance réglera l'organisati
la réunion ou la répartition des compag

39. Les artilleurs seront choisis par le
seil de recensement parmi les gardes na
naux qui se présenteraient volontairemen
qui réuniraient , autant que possible , les q
lités exigées pour entrer dans l'artillerie.

40 Partout où il n'existe pas de corps s
dés de sapeurs-pompiers , il sera autant
possible , formé par le conseil de recensé
des compagnies ou subdivisions de com
gnies de sapeurs-pompiers volontaires, fais
partie de la garde nationale ; elles seront co
posées principalement d'anciens officiers
soldats du génie militaire , d'officiers et ag
des ponts-et-chaussées et des mines , et d'o
vriers d'art.

41. Dans les ports de commerce et dans
ports maritimes, il pourra être formé des co
pagnies spéciales de marins et d'ouvriers m
rins , ayant pour service ordinaire la prot
tion des navires et du matériel maritime si
sur les côtes et dans les ports.

42. Toutes les compagnies spéciales co
courront par armes et suivant leur force n
mérique au service ordinaire de la garde n
tionale.

COURS DE THÊMES

OU

EXERCICES

ORTHOGRAPHIQUES

SUR LA LANGUE FRANÇAISE;

MÉTHODE SIMPLE ET FACILE

De créer, sans avoir recours à la cacographie, l'orthographe du mot qui est l'objet de la règle dont chaque
exercice est précédé;

PAR

A. CHAMPALBERT,

PROFESSEUR DE GRAMMAIRE.

✿

QUATRIEME EDITION.

✿

NANCY.

HINZELIN ET Cᵉ, IMPRIMEURS-LIBRAIRES,

RUE SAINT-DIZIER, 67.

—

1839.

NANCY, IMPRIMERIE DE HINZELIN ET Cᵉ,
Rue Saint-Dizier, 67.

AVERTISSEMENT.

Le petit cours de thêmes ayant paru être trop succint, et les exercices orthographiques renfermer des règles trop difficiles pour les commençants, j'ai fondu ces deux ouvrages en un seul dans cette quatrième édition, où j'espère avoir atteint le but désiré par un grand nombre d'instituteurs. Ma méthode est toujours la même que dans les éditions précédentes; et je vais encore répéter en quoi elle consiste. 1° L'orthographe d'aucun mot n'est altérée; 2° les mots non achevés doivent l'être d'après les règles déjà données; 3° un mot imprimé en lettres italiques doit être reproduit sous les différentes formes indiquées par les règles et par le sens, et trois points (...) en tiennent la place; 4° le changement de sing. en pl. des noms et réciproquement, celui des temps et des modes des verbes, multiplie le nombre des exercices sans augmenter le volume de l'ouvrage. On a objecté que ces mots non achevés, ces lacunes, sont des sortes d'énigmes. Si l'on ne veut en croire sur ce point, ni moi, ni les élèves qui les devinent, qu'on jette les yeux sur les exemples suivants :

Quelq.. crim.. touj.. précéd.. les gran.. crimes.

Qui ne lira pas cet exemple comme il doit être lu ?

Quelques crimes toujours précèdent les grands crimes.

On sai.. hélas ! que de tou.. temps, les peti.. .... pâti des sottises des gran..

Le *on* imprimé en lettres italiques doit être répété à la première lacune, mais sous la forme que le sens exige ; et au moins l'élève ne verra pas *ons*, *ont*, où il faut *on*, etc.

Au reste, j'ai écarté cette prétendue difficulté autant qu'il était possible, en ne laissant le plus souvent que la lettre finale à ajouter à chaque mot.

COURS

DE THÈMES

SUR

LA LANGUE FRANÇAISE.

Premier exercice. Les mots qui commencent par *dif* ou dont la seconde lettre est une *f*, prennent deux *f*, excepté *afin*, *éfourceau*, *if*, *Afrique.* — Les mots qui commencent par *dé* ou par *é* ne doublent pas la consonne suivante, excepté ceux qui sont composés de *dé* et d'un mot qui commence par *s*, ainsi que *dessin*, *dessein*, *dette*, *descendre* et leurs dérivés. — Les mots qui commencent par *habi* prennent une *h*, excepté *abîme*, *abîmer.* — *Abbé* et ses dérivés prennent seuls deux *b*; *addition*, *reddition*, *adducteur* et les dérivés prennent seuls deux *d.* — La plupart des mots qui commencent par *a* doublent la consonne suivante.

En cet affreux désert tout me remplit d'effroi. — Délivrez-vous de ce détestable défaut. Diffère encore, diffère un moment de t'ouvrir. — Des ormes et des ifs aussi vieux que leur mère. — Approche, afin qu'on te voie mieux. — Accourez, troupe fidèle. — Le dessein en est pris. — Il est étourdi comme un étourneau. — Appelle-moi, Lindor. — La critique est aisée et l'art est difficile. — Faites dessaler cette morue. — On était au dessert. — La vertu est l'habitude des bonnes actions. — O mon habit, que je vous remercie ! — L'habileté est l'intelligence, la science ; l'habileté est le droit de succéder. — Tu te plonges dans un abîme de maux. — Abîmer, signifie plonger dans un abîme, et non souiller, gâter. — Le vaisseau s'abîma sous nos yeux. — Inutiles efforts !

2. Les subst. et les adj. forment ordinairement leur pluriel en prenant une *s*.

J'aime la poire, la pomme, l'orange, le melon, la cerise, la groseille, la fraise, la framboise, la prune, la pêche, l'abricot. *Mettez au pluriel.*

3. L'adj. s'accorde en genre et en nombre avec son subst., et forme ordinairement le fém. en prenant un *e* muet. — Mais si le mot est déjà terminé par *e* muet, on n'ajoute rien pour le fém.

Le *petit* panier. — La ... corbeille. — Le *grand* garçon. — La ... fille. — L'*aimable* enfant. — L'... demoiselle. — La fleur *jaune*. — Le bouton ... — Le fil *gris*. — La soie ... — *Mettez au pluriel.*

4. L'adj. qui se rapporte à deux ou à plusieurs noms se met au pl. du même genre que les noms ; et si ces noms sont de différents genres, l'adj. se met au pl. masc.

Le fruit *cru*. — Le navet et le chou ... — La pomme et la poire ... — Le lard et la viande sont ... — L'arbre *brûlé*. — L'os et la corne sont ... — La ferme et le château sont ... — Le bien et le mal sont *confond*.. — La vérité et le mensonge sont ... — La fable et l'histoire sont ... — La vache est *vend*.. — Le bœuf et le cheval sont ... — La forêt et la ferme sont ... — Voilà le frère et la sœur *arriv*..., et bien *fatig*.. — Ma tante et ma sœur sont ..., et bien ...

5. Les subst. et les adj. terminés au sing. par *s*, *z*, *x*, ne changent rien au pl.

Le fils pieux. — Le bois épais. — Le poids énorme. — Le frais coloris. — L'accès dangereux. — Le succès douteux. — Le prix inclus. — Le bruit confus. — Le bras nerveux. — Le gros cadenas. — Le velours ras. — Le mauvais mets. — La croix, la voix, la noix, le taux, le prix. — L'abcès, le décès, l'excès, le procès, le congrès, le progrès. — L'as, le tas, l'amas, l'embarras. — *Mettez au pluriel.*

6. *Le cours* et ses dérivés *concours, discours, décours, secours, recours, parcours,* ainsi que *ours* et *velours,* prennent une *s* au sing. — Ecrivez *court, courte,* adj. — *La cour* et les autres mots en *our,* ne prennent une *s* qu'au pl.

Les discours éloquents. — Des concours ouverts. — Les secours puissants. — J'ai recours à vous. — Les tigres et les ours. — Les velours fins. — Les hautes tours. — Les tours adroits. — Des gracieux contours. — Les longs détours. — Des fours brûlants. — Les jours courts. — Les grandes cours. — Les heures si courtes. — Le décours de la lune. — Les retours inattendus. — *Mettez au sing.*

7. Les subst. terminés en *au, eau, eu, ou,* prennent *x* au pl. — Les adj. en *eux,* prennent *x* au s. et au pl. — *Bleu* et *feu* (défunt) font au f. *bleue, feue ;* ce dernier, sans pl., ne prend la marque du f. qu'après l'art. ou le pr. possessif. — *Doux, faux, roux, jaloux,* f. *douce, fausse, rousse, jalouse.* — *Clou, filou, fou, matou, trou, mou, verrou,* prennent *s* au pl.

Le beau manteau. — Le nouveau jeu. — Le marteau, le chapeau, le fourneau, le lieu, le feu. — Le joli joujou, le pou, le grand fou, le chou rouge, le beau caillou, le genou raide, le triste hibou. — Le tuyau, le noyau, le joyau, l'étau, le boyau. *Mettez au pl.*

(8)

Les jeux ennuyeux. — Les lieux marécageux. —
Les vœux présomptueux. — Les aveux honteux. —
Les cheveux noirs. — Les essieux, les épieux. —
Les malheureux Hébreux. — Les pieux, les enjeux.
— Les dieux rigoureux. — Les hommes orgueil-
leux, peureux, paresseux. — Les lieux affreux. —
Mettez au sing.

Le vin *doux*, la liqueur ... — La ... créature.
— Le *faux* ami. — La ... gloire. — La couleur...
— L'oiseau *jaloux*. — L'âme ... — Le poil *roux*.
— La barbe ... — Les cheveux ... — Le ruban *bleu*.
— La robe ... — La ceinture ... — *Feu* le prince.
— ... la reine. — La ... reine. — Ma ... tante. —
Votre ... parente. — ... sa mère. — Le grand trou.
— Le petit clou. — Le filou adroit. — Le fromage
mou. — Le gros sou. — Le vieux fou. — Le ver-
rou rouillé. — *Mettez au pl.*

8. Les subst. f. en *té* qui désignent des qualités,
ne prennent qu'un *é*. — Terminez par *ée* ceux qui
désignent le contenu de quelque chose, et les autres fém. Ecrivez la *pâtée* et le *pâté*.

Quelle est la qualité de ce qui est *bon* ? *La bonté.*
— De ce qui est *beau, solide, cher, facile, utile,
inutile, puéril, subtil, fertile, mobile, immobile* ?
La .... nommez le contenu d'un *plat*, d'une
assiette, d'une *cuiller*, d'une *hotte*, d'une *pelle*, d'un
chaudron, d'un *four*, d'une *terrine* ? Une..........
— Quels subst. forme-t-on des verbes *aller, mon-
ter, porter, jeter, trouer, percer, armer, sai-
gner, lever, trancher, faucher* ? Une .... —
La pâtée des poulets. — Le pâté froid.

9. Les mots term. par *l* mouillée, finissent par
les deux lettres *il* au m., le *soleil*, et par *ille* au f.,
la *paille*. — Exceptez les m. *chèvre-feuille* et *porte-
feuille*.

Terminez selon le sens et le genre, les mots com-

mencés de l'ex. suivant. Dans les mots term. en cueil, et en gueil, on place l'u avant l'e.

Le somm.., frère de la mort. — Le terrible rév.. — Penses-tu que plus *vieille*, en la maison céleste, elle eût eu plus d'acc..? ou qu'elle eût moins senti la poussière funeste, et les vers du cerc..? — Le démon des batail.. — Les brouss.. cachaient l'entrée. — La mitr.. fit un grand ravage. — J'admire ces merv.. — Il a le teint verm.., les joues verm.. — Faites taire cette marm.. — Les rayons du sol.. — Nous pêcherons des grenouil.. — Ces deux robes sont pareil.. — Mon chapeau est par.. au vôtre. — J'ai semé du cerf.. — La tige de la citr.. est fort menue. — Il a bu trois bout.. de vin. — J'ai un joli écur.. — Donnez-moi mon porte-f.. — J'aime beaucoup le chèvre-f.. — Les f.. des arbres. — Un rec.. de chansons. — Ce détroit est rempli d'éc.. — Raconte-moi les dét.. de l'aventure. — Je ressens de vives douleurs à l'oreille, et à l'orteil. — J'étais sur le seuil de la porte. — Il a beaucoup d'org.... — Il sortit de son cerc...., et reparut couvert de son *linceul*. — Il s'est jeté dans la *gueule* du lion. — *Bégueule*, femme sotte, prude, avantageuse. — La *veille* de la bat.. — Je joue de la *vielle*. — On joue Fanchon la *vielleuse*. — J'ai allumé la *veilleuse*. — Les *vieilles* troupes. — Respecte les *vieillards*.

10. Les adj. en *ien*, *el*, *eil*, *ul*, *en*, *on*, *as*, *ais*, *os*, *et*, *ot*, doublent au f. la dernière consonne, et ajoutent un *e* muet.

Mauvais, niais, ras, complet, discret, inquiet replet, secret, dévot, ne la doublent pas. — Frêle, grêle, parallèle, fidelle, infidelle, rebelle, ont le f. semblable au m. — Gentil, bénin, malin, blanc, sec, frais, public, caduc, turc, grec, f. gentille, maligne, blanche, sèche, fraîche, publique, caduque, turque, grèque ou grecque.

1*

— *Beau*, *nouveau*, *jumeau*, *fou*, *mou*, ; f. *belle*, *nouvelle*, *jumelle*, *folle*, *molle*.

L'usage *ancien*. — L'histoire ... — Le roi *payen*. La nation ... — Le moyen *naturel*. — L'histoire... — Un ordre *exprès*. — Une permission ... — L'homme le plus *sot*. — La femme la plus ... — Le *gros* arbre. — La ... pierre. — Le veau *gras*. — La poule ... — Le produit *net*. — La déclaration ... — Le suc *épais*. — La planche ... — Le *mauvais* fils. — La ... mère. — Un air *niais*. — Une figure ... — L'ouvrage *complet*. — La folie ... — L'enfant *discret*, *inquiet*, *dévot*. — La femme ... — Le *cruel* moment. — La peine ... — La gloire *immortelle*. — Le renom ... — La rente *annuelle*. — Le revenu ... — L'attachement *mutuel*, *naturel*, *maternel*. — La tendresse ... — Une *frêle* espérance. — Un ... esquif. — Une voix *grêle*. — Les intestins ... — La rue *parallèle*. — Le mur ... — Le *fidelle* compagnon. — La ... compagne. Le peuple *rebelle*, *infidelle*. La nation ... — Voilà un *gentil* personnage ! — La ... invention. — Le naturel *bénin*, *malin*. — L'humeur ... — Le teint *blanc* et *frais*. — La peau ... et ... — Le fruit *sec*. — La branche ... — L'âge *caduc*. — La voix ... — Le *beau* monument, le ... enfant, la ... pièce. — Le *nouveau* bâtiment, le ... ami, la ... maison. — Le fromage *mou*, le ... abandon, la cire ... — Voilà le *fou*. — Le ... amusement. — La ... passion. — Les frères *jumeaux*. — Sa sœur ...

11. *Bissextil*, *civil*, *incivil*, *puéril*, *subtil*, *vil*, *viril*, *volatil* (qui s'évapore), forment leur f. en ajoutant un *e* muet. — Les autres adj. de cette terminaison ont le m. et le f. en *ile*. — Écrivez au m. comme au f. *tranquille*, *imbécille* et *volatile* (qui vole.) — Une *volatille* est un oiseau bon à manger.

L'année *bissext*.., l'an ... — Le code *civ*..., la
guerre ... — La question *inciv*.., l'accueil ... —
La vanité *puér*.., l'orgueil .. — Le *vil* métier ,
la ... passion. — Le courage *vir*.., la force ... —
Un sel *volat*.., une substance.... — L'animal ... —
La bête ... Cette ... est d'un goût exquis. — On élève
cette ... pour la manger. — Ce théâtre changeant et
mob. — Le temps , cette image *mob*.., de l'im-
mob.. éternité. — Une terre *stér*.., *fert*.. — Un
canton *stér*.., *fert*.. — La besogne *fac*.., *diffic*..,
fut.., *ut*.., *inut*.. — Le jeu............ — Onde
pure et *tranquille*. — Le cœur ... — Enfant *imbé-
cile*. — Femme ...

12. Les adj. terminés au m. par *f* changent
au f. *f* en *ve*.

Un goût *vif*. — L'humeur ... — L'écolier *atten-
tif*. — L'écolière.... — L'habit *neuf*. — La robe ...
— Il est *veuf*. — Elle est ... — Le cri *plaintif*. —
La voix ... — Un *bref* délai. — La syllabe ... —
Ce peuple était *serf*. — Toute la nation était ... —
Remède *purgatif*. — Potion ...

13. Les m. en *al* ont le f. en *ale* par une seule
l, et le pl. en *aux* sans *e*.

L'eau *baptismale*. — Les fonts ... — La passion
brutale. — L'homme ... — Les sentimens ... — La
faute *capitale*. — Les vertus *cardin*.. — Les quatre points ... — ... — La branche *collater* .. —
Les héritiers ... — Les relations *commerci* .. —
Des effets ... — Un *cordi*.. excellent. — Potion ... — Les remèdes ... — L'*anim*.. utile. — Les
... rares. — La substance ... — L'*amir*.., le *capor*.,
le *cryst*.., l'*arsen*.., le *fan*.., le *boc*.., le *mal* , le
mét.., l'*origin*.., le *maréch*.., le *sign*.., le *tot*..,
..., le *riv*.., — Les .... — La fraction
décim.. — Les nombres .. — Une terre *domani*..—
... — Les villages ... — La lutte *inég*..—

Les chev.. — *Commens..* de quelqu'un, qui vit à la même table ; nous sommes... — Je suis votre *eg..*; nous sommes... — L'armée *roy..*, *impéri..* — Les domaines........ — Le moyen *lég..*, *illég..* — Des moyens........ — Des poursuites......... — Une douleur *loc..* — Les usages... — La ligne *équinoxi..* — Les points... — Le gouvernement *féod..* — Les droits... — C'est un homme *loy..* — Mes... serviteurs. — La force *vit..* — Les esprits... — L'air... — Une promesse *verb..* — Les procès... — Le peuple *orient..*, *occident..*, *méridion..*, *septentrion..* — Les peuples........... — Les contrées.......... — La maison *seigneuri..* — Les droits... — Un ouvrage *mor..*, *immor..* — Les ouvrages............ — La dignité *pontific..*, *sacerdot..* — Les ornemens......... — L'habit *nation..*, *nupti..* — Les habits.. — Les lignes *vertic..* *horizont..* — Les cercles........ — La propriété *rur..* *patrimoni..*, — Les biens........ — La critique *parti..* *imparti..*, Les juges — La pompe *triomph..* — Les chants... — Le *quintal.*, le *piédestal.* — La commission *spéci..* — Les droits... — Les *végét..* utiles. — Les substances... — L'eau *miner..* — Le sel... — Les remèdes *pector..* — Les fleurs...

14. Mots en *al*, dont les uns ont le pl. en *als*, et les autres sont sans pl. — Ces derniers sont désignés par un astérisque.

Conseil *amic..* — J'aime le *bal*, le *carnaval*, le *régal.* — J'ai un *cal* au pied. — Un *pal* aiguisé. — Le feu *centr..* — La force... Opération *chirurgic..* — Édifice *coloss..* — La statue... — Le pôle *boré..* * — L'aurore... — Ce moment *fat..*, cette heure... — Le son *fin..* — La cause... — Le respect *fili..* * La tendresse... — Le repas *frug..* — La table... — Un vent *glaci..* * — La zone... — De temps *immémori..* * — Possession... — La lettre *init.* — Le son... — Musique *instrument..* (sans masc.)

— Esprit *jovi..* * — Humeur ... — Le bonnet *doctor..* — La robe ... Il est bien *matin..* — Aujourd'hui elle est bien ... — La matière *médic..* — La plante *médicin..* — Une note *margin..* — (Ces 3 adj. sans masc: usité.) — L'habit *monac..* — La robe ... — Le son *nas..* — La syllabe ... — Le combat *nav..* — La victoire ... — Une tradition *or..* Examen ... (de bouche.) Le pouvoir *pap..* * — Les terres ... — Le chant *pastor..* — L'instruction ... — La fête *patron..* (sans masc.) — Le code *pén..* La loi... — L'eau *pluvi..* (sans masc.) — L'expression *proverbi..* — L'expression *théâtr..*, l'effet ... — L'organe *voc..* — La prière ... — L'air *virgin..* — Modestie ... — Le cierge *pasc..* — La Communion ...

15. 1° *Bail, corail, émail, soupirail, travail,* ont le pl. en *aux.* — *Ail, aïeul, bétail, ciel, œil,* font au pl. *aux* ou *aulx, aïeux, bestiaux, cieux, yeux.* — 2° Cependant on dit les *aïeuls,* grand-père et grand-mère ; les *ciels* de lit, de tableau ; les *œils,* ne signifiant pas organe de la vue ; les *travails,* compte rendu par un ministre, machine à ferrer les chevaux vicieux. — *Bercail* sans pl., *vitraux* et *matériaux* sans sing. — Les autres mots en *ail* ont le pl. en *ails.*

Je n'aime ni l'*ail* ni l'*oignon.* — Le *bail* expiré. — Le *corail* taillé. — Le plus bel *émail..* — Le *soupirail* étroit. — Le pénible *travail.* — Le *ciel* ouvert. — Le noble *aïeul.* — L'*œil* malade. — Le *bétail.* — Les *vitraux* d'une église. — Les *matériaux* précieux. — L'*épouvantail,* le *détail,* l'*éventail,* le *portail,* le *poitrail,* le *gouvernail,* l'*attirail,* le *bercail,* le *sérail,* balayez avec ce *plumail.* — Le *sérail.* — Mettez au pl.

J'ai perdu mon *aïeul* maternel. — Tu as encore tes deux ... — Cette dame est votre ... Ce bien lui vient de ses ... paternels. — Il compte des rois parmi ses ... — Il a fait un *ciel* de lit. — Je ferai plusieurs ... de lits. — Cet artiste peint bien les ... — Des ... enflammés abaisse la hauteur. — Lycurgue perdit un ... dans une sédition. — Il n'y a pas d'... sur ce bouillon. — On a percé trois ... de bœuf. — Ces ... de perdrix sont mal faits. — Des ... de chat, des ... de serpent, espèces de pierres. — L'araignée a huit ... — La géographie et la chronologie sont les ... de l'histoire. — Paie ta vie par le *travail*. — Les ... champêtres. — Il y a plusieurs ... dans la boutique de ce maréchal. — Le ministre a présenté plusieurs ... dans le courant de ce mois.

16. Ecrivez *heure*, *demeure*, *beurre*, *leurre*. — Les autres subst. en *eur* sont sans *e* muet. — Les adj. en *eur* qui marquent une comparaison ont le f. en *eure*.

Les *heures* s'écoulent rapidement. — Vous ne donnez qu'un jour, qu'une ... qu'un moment. — Nous partirons de bonne ... — A la bonne ... — Rentre dans ta *demeure*. — Habitant des ... célestes. — Ce *beurre* est gluant. — J'ai mesuré la *long..*, la *larg..* et l'*épaiss..* de cette pièce de bois. — Un *malh..* amène quelquefois le *bonh..* — La tempérance est le *meill..* médecin, la ... règle. — Voilà les ... raisons, les ... motifs. — La *haut..* des montagnes. — La *profond..* des rivières. — La *doul..* *intér..* ou *extér..* — Les maux ...... Mon fils est *maj..*, *min..* — Ma fille est ...... — Les événemens *antér..*, *postér..* — La circonstance ...,... — Les parties ..,... du corps de l'animal. — L'Asie *min..* — La *rig..*, la *vig..*, la *liq..*, la *roug..*, la *pâl..*, la *terr..*, l'*horr..*

17. Ecrivez en lettres les nombres suivants.

1, 2, 3, 4, 5, 6, 7, 8, 9, 10, 11, 12, 13, 14, 15, 16, 17, 18, 19, 20, 30, 40, 50, 60, 70, 80, 90, 100, 1000.

18. Cent au pl. et 80 prennent une s quand ils ne sont pas suivis d'un nom de nombre. — 1000 est inv. — Dans la date des années on écrit mil; 100 et 60 sont aussi inv. — *Mille*, mesure de chemin, prend une s au pl.

L'ennemi a perdu 5,000 hommes tués, 7,800 prisonniers et 80 pièces de canon. — J'ai un pensum de ... — Ce jeune homme a gagné hier 580 f. au jeu. — La révolution éclata en 1789. — La bataille de Marengo fut gagnée l'an 1800. — Cette comète reparaîtra dans 300 ans. — L'Amérique fut découverte l'an 1492. — Le degré terrestre vaut 69 mille... d'Angleterre. — Tu es né en 1780.

19. *Demi*, inv. devant le nom, en prend seulement le genre quand il le suit. — *Demie*, n'étant joint à aucun subst., peut prendre le pl. *Nu*, excepté inv. devant le nom, en prennent le genre et le nombre quand ils le suivent. — Écrivez *la nue propriété*.

Ce cheval, dans une *dem*...-heure, a fait 3 lieu... — Tracez 3 ... circonférences. — Ce coupon est divisé en ... et ... — La ... est sonnée. — Cette horloge ... les ... — 8 ... font 4 unités. — J'ai perdu ... journée. — On n. donne 5 livres et ... de ... par jour. — J'étais *nu*-pieds, ... jambes, ... — ... avais les pieds ..., les jambes ..., la tête ... — ... ces dames, ... ces messieurs, ... ma ... — ... tout le monde est parti. — Ces tableaux ..., ... pendule ..., j'achète tous les meubles. — ... appelle nue propriété, la propriété sans jouissance.

20. On trouve le sujet d'une proposition en faisant la question qui est-ce qui? — Le verbe s'accorde ... avec le suj. en nombre et en personne. — ... et à la 2e personne le v. est terminé par une s; ... à la 3e personne par un t. — Mais si la 1re ou la 3e pers. se termine par e muet, on n'y ajoute rien.

Je vai.. et je vien.. — J'aborde où je pui.. —Tu
dor.., Brutus ! — Q. crain.-tu ? Tu port.. César.
— Le temps fui.., et la mort approch.. — Il parl..,
et dans la poudre il les fai.. tous rentrer.

21. *Je*, *tu*, *il*, *ils*, *on*, sont touj. suj., et
gouvernent touj. le v., même quand ils en sont sé-
parés par plusieurs mots. — *On*, subst. indéfini,
sign. *quelqu'un*, *chacun*, et veut touj. le v. suivant
à la 3ᵉ pers. du s.

Puisque tu me demand.. ces oiseau.., je te les
donn.. avec plaisir ; mais tu ne les laissera.. pas
mourir de faim. — Je trouv.. assez de fl.. ici ; tu ne
m'en priv.. pas. — On me disai.. q. ton père étai..
irrité contre moi, et qu'il me punirai.. — On n. as-
sistai.. autant qu'on le pouv.. — On connai.. ses défau.., mais on se les pardonn..

22. La 1ʳᵉ pers. du pl. se termine en *ons*, la 2ᵉ
en *ez*, la 3ᵉ en *ent*. Mettez au pl. les deux ex. 20
et 21.

23. Ecrivez *a* sans accent, et *ont*, v. avoir,
quand on peut les tourner par *avait*, *avaient*. —
Mais *à*, préposition, prend un accent grave, et
sign. dans, pour. — *On*, sign. *quelqu'un* ou *chacun*, touj. suj, et 3ᵉ pers. sing. — *Est*, v. être
au sing., et *sont* au pl., quand on peut tourner par
était, *étaient* ; *et*, conjonction, sign *et puis* ; *son*,
subst. m.. ; *son* le sien. — *Ce*, celui-là, cela ;
se, soi-même. — *Ces*, ceux-là, celles-là ; *ses*,
les siens. — *Leur*, inv. sign. à eux, à elles ; devant le subst, en prend le genre et le nombre. —
Soi, sign. *soi-même* ; *soit*, *soient*, v. être.

Chacun *a* ses défau.. — ...dire vrai, il ... tort.—
Je reste ... Paris. — Cet homme ... peu d'argent.—
Je rev..... l'instant. — Cette femme n. ... quittés ..
Metz. — *On* di.. q. les gran.. homm.. ... touj.. fait

de gran.. fautes. — Les pauvres ... peu d'amis. —
... prétend q. les affaires ... souffert. — La mouche
et la fourmi. — Il ... gran.., il ... beau de faire des
ingra.. — La victoire ... la nuit , plus cruel.. q. n.
— La vertu ... l'habitude des bonn.. actions. — Un
lièvre en *son* gîte songeai.. — Les vertus devrai..
être sœurs, ainsi q. les vices ... frèr.. — Je recon-
.. le ... de sa voix. — Les temps ... écoul.. — Oui ,
je vien.. dans ... temple adorer l'Eternel. — Ils ...
dans l'affliction. — Les solda.. ... arriv.. — On *se*
cache. — ... monde-ci n'e.. qu'une œuvre comique.
— Où la vertu va-t-elle ... nicher ? — ... Dieu q. tu
trahi..,... Dieu q. tu blasphèm.. , pour toi , pour
l'univ.. , e. mor.. en ces lieu.. mêm.. — Ils ... sont
regardés sans ... parler — Pourquoi *ces* éléphan..,
.. arm.. , ce bagage , e. .... vaisseaux tout prê.. à
quitter le rivage? — Chacun a ... bonne.. e. ... mauv.
qualit.. — La guerre a ... douceurs , l'hymen a ...
alarm... — Dans ... jours consacr.. aux larm.. — Il
a perdu ... liv.. e. ... plumes. — Abandonnons les
coupables à *leurs* remor.. ; ne ... souhaitons pas d'autre supplice. — Ces malheureux son.. vos semblab. ;
v. ... dev.. des secours. — Les cavaliers cherch.. ...
chev..

Du temple tout-à-coup les combl.. *s'*entrouvrir ..;
de traits affreu.. de sang les marbr..,se couvrir.. del'au-
tel ébranl... par de lon ... tremblemen .. une invisible
main repoussai.. mes présen .. — Chez la devineuse
on courai.. pour ... faire annoncer ... que l'on dési-
rai.. — En ... comba.. nouv.., un milan , qui
dans l'air planai.., faisai.. la ronde , voi.. d'en
hau .. le pauvret... débattant sur l'onde. il fon ..
dessus , l'enlève, et par même moyen , la grenouil..
et le lien. — L'Atlas *a* chancelé. — Je me bornai..,
seigneur , ... v. suivre aux combats. — si je hai ..
les tyrans, je hai .. plus les flatteur.. — Il e .. sans
défiance ; sa jeunesse e . livrée ... votre expérience.
— hymen , funeste hymen , tu m' ... donné la vie.

— je te fai .. apporter la rançon de Zaïre. — ô fille
encor trop cher ..! connai ... - tu ton destin ? sai ..
- tu quelle *e*. ta mère ? sai .. - tu bien qu' ...
l'instan .. que son flanc mi ... au jour ce triste *e* ..
dernier frui .. d'un malheur .. amour, je la vi ..
massacrer par la main forcenée, par la main des
brigan .. ... qui tu t'*e*. donnée ? tes frèr .., ces
martyrs égorgés ... mes yeu .., t'ouvr .. *L.* bras sanglan ... tendu .. du hau .. des cieu .. — Je ne me
soutien .. plus, ma force m'abandonn .. mes yeu ..
sont ébloui .. du jour q. je revoi .., et mes genou ..
tremblan .. se dérob .. sous moi. — q. *ces* vains
ornemen .., q. ... voil .. me pès .. les ven .. agit ..
l'air d'heureu .. frémissemen .., *e*. la mer l. répon .. par .. gémissemen .. — J'av .. perdu la joie
e. les beau .. jours ; je les retrouv .. en voyan ..
ma patrie — n. ne pouv .. conserv .. nos frui .. ;
on n. les enlèv .. avant *l.* maturit .. — *e* .. depuis
quand, seigneur, craign .. - v. la présence de ...
paisibles lieu .. si cher .. à votre enfance ? chaque
age a son humeur .. goù .. *e* .,... plaisirs. — je
les plain .. l'un *e*. l'autre. — accorde-moi, seigneur, une prompte justice, tu me la doi .. —tu lui don-
n.. un fils prompt à le seconder.—Lui, voyant en moi
la fille de son frère, me tin .. lieu, cher ... Elise, *e*.
de père et de mère. Il me fi .. d'un empire accepter
l'espérance.

(*) *L.* sign. *leur* ou *leurs*.

24. Le verbe a cinq MODES ou manières de signi-fier, et des TEMPS qui indiquent l'époque de l'action.

LE MODE INDI-CATIF *affirme l'é-tat ou l'action pré-sente, passée ou future.*	L'année dernière Je fus attaqué Tu fus ... Ma sœur fut ... N. fûmes ... V. fûtes ... Ils furent ... d'une violente ma-ladie.	N. eûmes été ... V. eûtes été ... Elles eurent été ... les brigands s'é-loignèrent.
TEMPS PRÉSENT.	PRÉT. INDÉFINI.	PLUS QUE PARFAIT.
Action actuelle ou habituelle. Maintenant. Je suis écrivant. Tu es ... Elle est ... N. sommes ... V. êtes ... Ils sont ...	*Action faite dans un temps indéter-miné, ou dont il reste encore quel-que chose.*	*Action déjà pas-sée quand une au-tre a eu lieu.* Lorsque le se-cours est arrivé, J'avais été battu. Tu avais été ... L'armée av. été ... N. avions été ... V. aviez été ... Les troupes ay. été ...
T. IMPARFAIT.	Ce matin J'ai été surpris. Tu as été ... On a été ... N. av. été ... V. av. été ... Elles ont été ...	FUTUR.
Action pendant laquelle il en est survenu une autre. J'étais occupé. Tu étais ... Il était ... N. étions ... V. étiez .. Ils étaient... lorsqu'on entra.	PRÉT. ANTÉRIEUR.	*Action qui se fera.* Demain Je serai inscrit. Tu seras ... On sera ... N. serons ... V. serez ... Elles seront ...
PRÉTÉRIT DÉFINI.	*Action passée avant une autre exprimée par le prétérit défini.*	FUTUR PASSÉ.
Action faite dans un temps dont il ne reste plus rien.	Quand J'eus été dépouillé Tu eus été ... Elle eut été ...	*Action qui sera déjà faite quand une autre aura lieu.*

Quand
J'aurai été reconnu
Tu auras été ...
Elle aura été ...
N. aurons été ...
V. aurez été ...
Ces MM. auront été ...
ou donnera à chacun sa part.

LE MODE CONDITIONNEL *exprime qu'une action aurait lieu, moyennant une condition.*

C. PRÉSENT.
Si un tigre paraissait,
Je serais effrayé.
Tu serais ...
On serait ...
N. serions ...
V. seriez ...
Elles seraient ...

COND. PASSÉ.
Si la lune s'était montrée,
J'aurais été découvert
Tu aurais été ...
Elle aurait été ...
N. aurions été ...
V. auriez été ...
Elles auraient été ..

LE MODE IMPÉRATIF *ordonne ou défend que l'action se fasse.*

Sois satisfait.
Soyons ...
Soyez ...

LE MODE SUBJONCTIF *indique le doute, la crainte, le désir que l'action ait lieu.*

PR. DU SUBJ.
Touj. gouverné par un présent ou un futur.
On veut, il faut, on exigera
Q. je sois choisi.
Q. tu sois ...
Qu'il soit ...
Q. n. soyons ...
Q. v. soyez ...
Qu'elles soient ...

IMP. DU SUBJ.,
Gouverné par un temps passé ou un conditionnel.
Il fallait, on avait désiré, on voudrait
Q. je fusse soumis.
Q. tu fusses ...
Qu'il fût ...
Q. n. fussions ...
Q. v. fussiez ...
Qu'elles fussent ...

PRÉT. DU SUBJ.
Indique le doute, etc., qu'une action ait eu lieu.
On doute
Q. j'aie été instruit

Q. tu aies été ..
Qu'elle ait été ...
Q. n. ayons été ...
Q. v. ayez été ...
Qu'ils aient été .,.

PL. PARF. DU SUBJ.
Il indique que l'on doutait, etc., qu'une chose eût déjà été faits
On voulait
Q. j'eusse été appelé
Q. tu eusses été ...
Qu'il eût été ...
Que n. eussions été ...
Q. v. eussiez été ...
Q. tes sœurs eussent été ...

LE MODE INFINITIF *exprime l'action sans l'attribuer à aucun sujet. Il est invariable.*

PRÉSENT.
Pour être aimé, il faut être aimable.

PRÉTÉRIT.
Que sert, à l'heure de la mort, d'avoir été puissant?

PART. PRÉSENT.
Dieu étant juste, le crime sera puni.

25. Il y a quatre conjugaisons que l'on reconnaît par la terminaison de l'infinitif. — La 1re a l'infinitif terminé en *er*, la 2e en *ir*, la 3e en *oir*, la 4e en *re*.

TABLEAU

Au moyen duquel on peut conjuguer tous les verbes qui ont l'infinitif terminé en ER :

IL Y A CINQ TEMPS PRIMITIFS, SAVOIR :

PRÉSENT L'INDICATIF.	PRÉTÉRIT DÉFINI.	PRÉSENT DE L'INFINITIF.	PARTICIPE PRÉSENT.	PARTICIPE PASSÉ.
Je li e Tu li es Il li e. Le prés. de l'ind. n'est primitif qu'au sing. Tous les v de prem. conj. se terminent par e muet au prés. de l'ind. IMPÉRATIF. Li e ** Li ons Li ez ** L'imp. se forme, dans toutes les conj., du prés. de l'ind. dont on supprime les pron *je*, *nous*, *vous*. — Ainsi, dans la prem. conj. et dans tous les v. dont le prés. de l'ind. est terminé par un e muet, l'imp. se termine aussi par un e muet sans s. Les troisièmes pers manquent dans l'impér. On y supplée par les troisièmes per, du subj.	Je li ai Tu li as Il li a N. li âmes V. li âtes. Ils li èrent. Les v. de la prem. conj. sont les seuls dont le prét. déf. se conjugue en *ai*, *as*, *a*, etc. La trois. pers. du prét. déf. dans la prem. conj est terminée par un *a* sans s. IMP. DU SUBJ. Q. je li asse Q. tu li asses Qu'il li ât Q. n. li assions Q. v. li assiez Qu'ils li assent. L'imp. du subj. se forme dans toutes les conj. de la sec. pers. sing. du prét. déf., à laq. on ajoute se, Les v. de la prem conj. sont les seuls qui aient l'imp. du sub en *asse*. Tous les imp. du subj. ont deux s, excepté à la trois pers. du sing. qui prend un t,	Li er. FUTUR SIMPLE. Je li erai Tu li eras Il li era N. li erons V. li erez Ils li eront. On forme le fut. simple du prés. inf. en changeant *r* ou *re* en *rai*, dans toutes les conj. CONDITION. PR. Je li erais Tu li erais Il li erait N. li erions V. li eriez Ils li eraient On forme le cond. pr. du fut. simple en en ajoutant *s* Dans la prem conj. le fut. et le cond. prennent un e muet dev. l'r. Souvenez-v q l'y se change en *i* devant un e muet Ainsi *essayer* fait *j'essaie*, *tu essaies*, *il essaie*	Li ant. PL. DU PR. IND. N. li ons V. li ez Ils li ent. Le plur. du prés. ind. se forme du part pre par le change ment de *ant* en *ons*, *ez*, *ent*. IMP DE L'IND. Je li ais Tu li ais Il li ait N. li ions V. li iez Ils li aient On forme l'imp. de l'ind. du part. prés. en chang. *ant* en *ais*. PRÉS DU SUBJ. Q. je li e. Q. tu li es Qu'il li e Q. n. li ions Q. v. li iez Qu'ils li ent. On forme le prés du subj. du part prés, en chang. *ant* en e muet Dans toutes les conj. le pr. du subj. se term donc par un e muet	Li é. TEMPS COMPOSÉS. Prét indéfini J'ai li é. Prét. antérieur. J'eus li é. Plusq. parf J'avais li é. Futur comp. J'aurai li é. Cond. passé. J'aurais li é. Pr. du subj Que j'aie li é. Pl. p. subj. Q. j'eusse li é. Pr. de l'inf. Avoir li é. Part passé. Ayant li é TEMPS COMPOSÉS D'UN VERBE QUI SE CONJUGUE AVEC ÊTRE. Prét. indéf. Je suis resté. Prét. ant. Je fus resté. Pl. parf J'étais resté Fut comp. Je serai resté. Cond. pass Je serais resté. Prét. du subj. Que je sois resté Pl p. du subj. Q. je fusse resté Prét. inf. Être resté Part. passé Etant resté, Les temps composés se forment d'un temps du v. *avoir* ou du v. *être*, auquel on joint le part. passe du v. que l'on conjugue. Ainsi le v *avoir* et le v. *être* sont touj. suivis du part. passé.

Les deux prem pers pl. de l'imp. de l'ind. et du prés du subj se forment du part prés. dans lequel on change *ant* en *ions*, *iez*. Ainsi les v, qui ont le part. prés. en *iant* ou *yant*, ont ces deux pers. en *iions*, *iiez* ou *yions*, *yiez*.

TABLEAU.

Au moyen duquel on peut conjuguer tout verbe dont on connaît les temps primitifs.

PRÉS. DE L'INDICATIF.	PRÉTÉRIT DÉFINI.	PRÉSENT DE L'INFINITIF.	PARTICIPE PRÉSENT.	PARTICIPE PASSÉ.
Je connais Tu connais Il connaît	Je connus Tu connus Il connut Nous connûmes Vous connûtes Ils connurent.	Connaître.	Connaissant.	Prétérit indéfini. J'ai connu. Prétérit antérieur. J'eus connu. Plusque parfait. J'avais connu. Futur passé. J'aurai connu. Condit. passé. J'aurais connu. Prétér. subj. Que j'aie connu. Plusque p. subj. Q. j'eusse connu. Prétérit de l'inf. Avoir connu. Part. passé. Ayant connu.
IMPÉRATIF. Connais Connaissons Connaissez	Observez que dans tous les verbes qui ne sont pas de la première conj., le prét. défini prend un t à la trois. pers. du sing.	FUTUR SIMPLE] Je connaîtrai Tu connaîtras Il connaîtra Nous connaîtrons Vous connaîtrez Ils connaîtront,	PL, DU PRÉS, INDICATIF. Nous connaissons Vous connaissez Ils connaissent.	
	IMPARFAIT DU SUBJ. Que je connusse Que tu connusses Qu'il connût Que nous connussions Que vous connussiez Qu'ils connussent.	CONDITIONNEL PRÉSENT. Je connaîtrais Tu connaîtrais Il connaîtrait Nous connaîtrions Vous connaîtriez Ils connaîtraient, On voit que les verbes qui ne sont pas de la première conj. ne prennent pas un e muet, devant l'r au futur ni au cond.	IMPAR. DE L'INDICATIF. Je connaissais Tu connaissais Il connaissait Nous connaissions Vous connaissiez Ils connaissaient PRÉSENT DU SUBJONCTIF. Que je connaisse Que tu connaisses Qu'il connaisse Q. nous connaissions Que vous connaissiez Qu'ils connaissent.	

26. On doit appeler *réguliers*, tous les verbes dont les temps se forment régulièrement de leurs temps primitifs.

VERBES RÉGULIERS.

PRÉS. IND.	PRÉT. DÉF.	PRÉS. INF.	PART. PRÉS.	PART. PASSÉ.
Je lie	Je liai	Lier	Liant	Lié.
J'agis	J'agis	Agir	Agissant	Agi.
Je bous	Bouillis	Bouillir	Bouillant	Bouilli.
Fuis	Fuis	Fuir	Fuyant	Fui.
Dors	Dormis	Dormir	Dormant	Dormi.
Offre	Offris	Offrir	Offrant	Offert.
Sens	Sentis	Sentir	Sentant	Senti.
Vêts	Vêtis	Vêtir	Vêtant	Vêtu.
Surseois	Sursis	Surseoir	Surseoyant	Sursis.
Absous		Absoudre	Absolvant	Absous, te.
Résous	Résolus	Résoudre	Résolvant	Résolu, résous
Bats	Battis	Battre	Battant	Battu.
Mets	Mis	Mettre	Mettant	Mis.
Crains	Craignis	Craindre	Craignant	Craint.
Conclus	Conclus	Conclure	Concluant	Conclu.
Cuis	Cuisis	Cuire	Cuisant	Cuit.
Couds	Cousis	Coudre	Cousant	Cousu.
Crois	Crus	Croire	Croyant	Cru.
Crois	Crus	Croître	Croissant	Crû.
Écris	Écrivis	Écrire	Écrivant	Écrit.
Mouds	Moulus	Moudre	Moulant	Moulu.
Rends	Rendis	Rendre	Rendant	Rendu.
Plais	Plus	Plaire	Plaisant	Plu.
Ris	Ris	Rire	Riant	Ri.
Nuis	Nuisis	Nuire	Nuisant	Nui.
Romps	Rompis	Rompre	Rompant	Rompu.
Vaincs	Vainquis	Vaincre	Vainquant	Vaincu.
Vis	Vécus	Vivre	Vivant	Vécu.
Nais	Naquis	Naître	Naissant	Né.

27. VERBES IRRÉGULIERS.

PRÉS. DE L'IND.	PRÉT. DÉFINI.	FUTUR.	PRÉS. DU SUBJ.	PRÉS. INFINIT.	PART. PRÉSENT.	PART. PASSÉ.
Je vais (1)	J'allai	J'irai	Q. j'aille	Aller.	Allant	Allé.
J'envoie	J'envoyai	J'enverrai	Q. j'envoie	Envoyer	Envoyant	Envoyé.
Je cours	Je courus	Je courrai	Q. je coure	Courir.	Courant	Couru.
J'acquiers	J'acquis	J'acquerrai	Q. j'acquière	Acquérir.	Acquérant	Acquis.
Je cueille	Je cueillis	Je caeillerai	Q. je cueille	Cueillir	Cueillant	Cueilli.
Je meurs	Je mourus	Je mourrai	Q. je meure	Mourir	Mourant	Mort.
Je tiens, ils tiennent.	Je tins	Je tiendrai	Q. je tienne	Tenir	Tenant	Tenu.
J'assieds, ils asseyent.	J'assis	J'assiérai	Q. j'asséye	Asseoir	Asseyant	Assis.
Je dois, ils doivent.	Je dus	Je devrai	Q. je doive	Devoir	Devant	Dû.
Je meus, ils meuvent	Je mus	Je mouvrai	Q. je meuve	Mouvoir	Mouvant	Mû.
Je vois	Je vis	Je verrai	Q. je voie	Voir	Voyant	Vu.
Je prévois	Je prévis	Je prévoirai	Q. je prévoie	Prévoir	Prévoyant	Prévu.
Je pourvois	Je pourvus	Je pourvoirai	Q. je pourvoie	Pourvoir	Pourvoyant	Pourvu.
Je puis (2)	Je pus	Je pourrai	Q. je puisse (3)	Pouvoir	Pouvant	Pu.
Je sais (4)	Je sus	Je saurai	Q. je sache (5)	Savoir	Sachant	Su.
Je vaux (6)	Je valus	Je vaudrai	Q. je vaille	Valoir	Valant	Valu.
Je veux (7)	Je voulus	Je voudrai	Q. je veuille	Vouloir.	Voulant	Voulu.

Il faut	Il fallut	Il faudra	Qu'il faille	Falloir	Fallant	Fallu.
Il pleut	Il plut	Il pleuvra	Qu'il pleuve	Pleuvoir	Pleuvant	Plu.
Je bois, ils boivent	Je bus	Je boirai	Que je boive	Boire	Buvant	Bu.
Je dis (8)	Je dis	Je dirai	Que je dise	Dire	Disant	Dit.
Je fais (9)	Je fis	Je ferai	Q. je fasse (10)	Faire	Faisant	Fait.
Il sied, ils siéent.		Il siéra	Qu'il siée.		Seyant, séant, tenant séance.	Sis, sign. situé.

(1) Je vais, tu vas, il va, ils vont. — (2) Je puis, tu peux, il peut, ils peuvent. — (3) Que nous puissions, que vous puissiez. — (4) Nous savons, vous savez, ils savent. Je savais. — (5) Que nous sachions, que vous sachiez. — (6) Nous valons, vous valez, ils valent. — (7) Nous voulons, vous voulez, ils veulent. — (8) Vous dites, vous redites, vous dédisez, contredisez, interdisez, médisez, prédisez. — (9) Vous faites, ils font. — (10) Que nous fassions, que vous fassiez.

28. Les verbes de la 1re conjugaison ont le prés. ind. terminée en *e* muet. — Les v. en *dre* prennent *ds*, *ds*, *d*, au prés. de l'ind. — Mais les v. en *indre*, et les 3 v. *absoudre*, *dissoudre*, *résoudre*, rejettent le *d*, et prennent *s*, *s*, *t* au prés. ind. — Les v. en *cre*, *pre*, *tre*, prennent *cs*, *cs*, *c* : *ps*, *ps*, *pt* : *ts*, *ts*, *t*.

Adorer. J' … un seul Dieu. — Ce parasite … les caprices de son maître. — *Créer.* Tu te … des chimères. — On … de nouv.. emplois. — Je me … des plaisirs. — *Scier.* Je … une gro.. branche. — On … ces planches ; on les … par le milieu. — *Confier.* Je v. … mon fils. — Voilà les trésors q. tu me … — On te … mon bonheur. — *Enseigner.* Tels sont les arts que je v.. … — Ce maître m'… les mathématiq.. — *Dépouiller.* Elle se … pour v. — Tu me … de mes biens. — Elle se plain .. qu'on la … de tout. — Je ne la … pas. — *Nuire.* Tu me .. : — Je ne … à personne. — Elle se … — On te … — *Ecrire.* Voilà la lettre qu'on m' … — Tu … mal ces mots ; je ne les … pas ainsi. — *Fournir.* Telles sont les preuv.. que je te … ; chacun t'en … — Tu n'en … pas de contraires. — *Tondre.* Je … bien les brebis ; tu les … mal. — Cet homme … les arbres ; il … très-bien la haie. — *Perdre.* O mon ami, je te … — Elle se … dans ce bois. Tu me … pour touj.. — *Craindre.* Je te … — On me … On ne … pas vos ennemis : on en … de plus puissan.. — *Peindre.* Je … des fleurs ; tu en … aussi. — Cet artiste … bien les arbr .. ; il en … chez moi. — *Dissoudre.* Je … le sucre dans l'eau. — Tu … cette société. — *Vaincre*, *convaincre.* Je v.. son opiniâtreté. — Il v.. son penchant. — On. v.. le malh.. par la patience. — Le sage v.. ses passions. — Je te conv.. d'injustice. — tu ne me conv .. pas. — *Rompre*, *corrompre*, *interrompre.* Tu me r.. la tête. — Je … tous commerce avec toi. — L'exemple n. corr.. — Le luxe … les hommes .. — Tu *interr*.. mes trav .. —

Mettre. Je me ... à ta place. — Voilà la robe q. tu ... — *Prendre.* Je la ... par la main. — Tu t'y ... mal. — L'ennemi ... la ville ; je la repr.. — *Concevoir, recevoir, apercevoir.* Je conç.. cette proposition. — Il me reç.. amicalement. — Voilà ta sœur ; je l'aper.. — *Acquérir, requérir, conquérir.* — On acq. des connaiss.. par l'étude : tu n'en ... point. — L'autorité te req.. de fournir un cheval. — Je ... ton secours. — Je conq.. ton estime : je la ... malgré toi. — Quelle fortune il acq.. par son trav..! — *Mourir.* Je ... d'ennui. — Mon père ... à l'instant. — *Courir, accourir, recourir.* Je c.. cherch.. du secours. — Cet animal ... très-vite. — On acc.. de tous côtés. Il lui fai.. signe, elle ... — Tu rec.. enfin à moi. — *Voir.* Je te ... chaque jour. — Ma plume est perd.., je ne la ... pas.

Envoyer. Je t'... des frui.. ; tu m'... des fl .. — On me renv.. mes lett.. — Elle te ... — *Essuyer.* On .. souv.. des contrariétés.—Le domestique nett.. les meubl.., et il les ess.. — *Essayer.* Il s'... à vol .. — On m'apporte des habi ..: je les ... — Tu ... de m'effrayer.

Après avoir écrit cet ex., chang. le sing. en pl.

29. Les v. en *eler* prennent deux *l*, et les v. en *eter* deux *t* devant un *e* muet. — Les v. en *ger* prennent un *e* après le *g* devant *a* ou *o*. *céler*, *geler*, et leurs composés ne prennent pas deux *l*.

Appeler. Tu m'... à la gloire. — Qui t'...? — Je ne t'... pas. — *Chanceler.* Il ..., il tombe. — Quoi ! tu ...? — Je ... — *Jeter.* On me ... une pomme. — Elle se ... à vos genoux. — *Cacheter.* Je ... ma lettre. — La lettre q. tu ... partira demain. — *Manger.* J'ai une pomme, je la ... — Ces frui.. sont bon..; on les ... cui.. — *Céler.* Il me ... ses démarches. — Je ne te ... rien. — *Geler.* Il ... tou ... les jours. — En vérité, je ... *Mettez au pl. les exercices 28 et 29.*

30. Le PARTICIPE est un adj. formé du v. — Le PARTICIPE PRÉSENT OU ACTIF présente le subst. comme faisant l'action ; il est touj. terminé en *ant* et inv.

Ouvrir. Je voi.. le jardinier ... la porte , e. sa femme ... les volets. — *Ecrire*. Voilà mon frère ... une lettre, e. ma sœur ... une chanson. — *Chercher*. Le coq ... un grain de millet , trouva une perle. — Je vois cette femme touj.. ...

31. Le PARTICIPE PASSÉ OU PASSIF présente le subst. comme ayant éprouvé l'action ; il est touj. employé avec le v. *être* exprimé ou sous entendu , ou avec le v. *avoir*. — joint au v. *avoir*, il ne s'accorde jamais avec le suj. ; joint au v. *être* exprimé ou sous-entendu , il s'accorde touj. avec son subst. ou suj. — Le v. *être* est sous-entendu , quand on peut ajouter *étant, être*. — Il est touj. terminé en *è* dans la 1ᵉ conj. ; dans les autres on trouve la lettre finale du part. passé par la terminaison du fém.

Ouvrir. Voilà le jardin ..., la porte ... — *Déchirer*. Je trouve un billet ... , une lettre ... — *Casser*. mon gobelet e. ..., ma fourchette e. ... — *Battre*. L'ennemi fu.. ... — Notre armée étai.. ... — *Soumettre*. Le peuple ..., la nation ... — *Éteindre*. J'ai ... la bougie. — Les flamb.. sont ... — Voilà le feu ...

Arracher. La plante ... se flétri... — Cet arbre fu.. ... Elle a ... mon jasmin. — *Fermer*. Tu as ... le cabinet. — Voilà la fenêtre ... — Le grenier étai. .... — *Cuire*. Le pain bien ..., la viande ... — J'ai ... mon pain. — *Couvrir*. Le panier ..., la corbeille ... — Elle av.. .... la corbeille. *Changez le sing. en pl.*

52. Le COMPLÉMENT est un mot qui complète le sens d'une proposition commencée. Complétez les prop. suivantes.

V. av.. cass.. — Il venai.. de — N. étions all.. à — Je voyai.. — N. voul.. — V. pouv.. — On doi.. — Il e. capab.. — Tu fu.. digne. — Je march. sur. — Je porte un ... à — J'exige le ... de.

33. Le comp. qui répond à la question *qui* ou *quoi* faite après le v., se nomme COMP. DIRECT. — Celui qui répond à une des questions *à qui, de qui, pour qui, avec qui, par qui,* etc.; ou *à quoi, de quoi,* etc., se nomme COMP. INDIRECT.

Distinguez, dans les exercices 20 et suivans, jusques 33 inclusivement, les C. D. et les C. I.

54. Le mot qui sert à former le C. I. se nomme PRÉPOSITION. Ainsi la préposition est un mot qui indique l'espèce de rapport qu'on veut exprimer, mais en laissant le sens incomplet. *Complétez le sens commencé par les prép.*

N. jouons.. sans — N. restions dans — V. étiez chass.. par — N. av.. grimp.. contre — Ils étai.. tourn.. vers — Ils vienn.. pour.

35. Un v. C. D. ou C. I. se met à l'inf.; ou, en d'autres termes, tout v. gouverné par un autre v. ou par une prép., se met à l'inf. — L'inf. est aussi employé comme suj. — Souvent la prép. *pour,* ou l'un des v. *pouvoir, vouloir, devoir, il faut,* est sous-entendu devant l'inf. — Après les v. *voir, entendre, regarder, écouter,* l'inf. a le sens du part. prés.

Ton vouloir e. d'un fou. — Aim.. e. un besoin, haïr e. un tourment de l'âme. — Je ne sai.. point

prév.. les choses de si loin. — Je vien.. d'en essuy..
le plus sanglan .. outrage. — Moi, l'emport.. ! E.
q. serait-ce, si v. portiez une maison ? — Où me
cach..? — Il par .. sans m'écout.. — Français, v.
sav.. vaincre et chant.. vos conquêtes. — Louis XI
av.. ordonn.. de n'enseign.. à son fils d'autre latin
qu'une phrase dont le sens est : qui ne sai.. pas dissimul.. ue sai.. pas régu...

56. Terminez par *e* muet *boire*, *croire*, *ac-
croire*, *rire*, *sourire*, *frire*, et tous les v. qui
ont le part. prés. en *isant* ou en *ivant*. — *Epandre*
et *répandre* sont les seuls v. en *andre* par un *a*;
contraindre, *craindre*, *plaindre*, les seuls en
aindre par un *a*. — N'oubliez pas que l'inf. est inv.

Tantale dans un fleuve a soif e. ne peu.. boi.. —
Je croyai.. n'av.. plus de larm.. à rép.. — V.
pouv.., di.. le satyre, repr.. votre chemin. — Aux
soins de l'avenir l'esprit ne peu... suff.. — Souffr..
plutôt q. mour.. c'e. la devise des homm.. — Qui
ne sai.. se born.. ne su.. jam.. écr.. — Il se contrain .. pour me contr.. — Plus d'un Spartiate ne
savai.. ni li.. ni écr. — Heureux ceux qui aim..
à s'instr ..! — Qu'av.. v. à cr..? — V. ne pouv..
att.. aux premières branches. — Qui peu. prét..
tou.. sav...? — A ta faible raison garde-toi de te
rendre : Dieu t'a fai.. pour l'aim.. e. non pour le
compr.

N. égorg.. ce peuple au lieu de le gagn.. — Madame, votre cœur doi.. v. instr.. assez. — Où va...
tu cour ..? — le chev.. n'a cess.. de henn..

Un poëte avait fait ce vers boursouflé : fai...-lui
boi.. la mort dans la coupe sacrée. On le parodia
ainsi en parlant d'un cheval : fais-lui mang.. la
mort dans un boisseau d'avoine. Le financier se plai-
gnai.. que les soins de la providence n'euss .. pas,
au marché, fai.. vendre le dorm.. comme le mang..

et le boi .. — Siècles futurs, v. ne pourr .. le croi..
— Dans l'art dangereux de rim .. et d'écr.., il n'est
point de degré du médiocre au pire. Autrefois Car-
pillon fretin eut beau prêch.., il eut beau di ..; on
le mi .. dans la poêle à fri .. — Tous deux au Styx
allèrent boi..; tous deux à nag .. malheureux allèrent travers.., au séjour ténébreux, bien d'autr ..
fleuv.. q. les nôtr.., V. euss.. vu, par un effet
contraire, leurs fronts pâl.. d'horr.., et roug .. de
colère. — Bâti .. des villes, c'e .. se rendr.. utile
aux hommes; les détrui..., c'e.. se déclar.. ennemi
de la sociét.. — On doit ob .. aux lois. — Loin de
haï .. les méch .., il fau .. les pl.., et tâch .. de les
convert .. à la vertu. — V. pouv .. ét .. le feu des
guerr .. civil .. — Ces vers son .. beaux, je vai.., les
transcr .. — Aux soins de l'avenir l'esprit ne peu ..
suff .. — On sera ridicule e. je n'oserai ri .. ? — J'ai
su le contr .. à se tai .. — Je ne pui .. feindre d'es-
tim .. les méch .. — Il sai .. p.. en miniature. —
Je dois cr .. de vous offens .. — Je croyai .. n'av ..
plus de larmes à rép .. — Quel bras peu .. v. susp..,
innombrab .. étoiles !

57. Récapitulation.

L'Amérique t'appell .. et la nuit te seconde. —
Tou .. deu .. me son .. sacr ..; je les veu .. conserv..
— Ma pitié malgré moi me fai .. vers .. des pleurs.
— On péri .. quelquefoi .. par trop de fermeté. —
Elle me voi .., m'enten .., elle e. devant vos yeu..
— Votre aman .. au palais cour .. et se précipite;
je le sui .. en tremblant. — Dans l'affr .. momen..,
Zamore, où je te voi .., je te le di .. encor.. pour la
dern .. fois. Pour la dern.., fois, Zamore t'aurai ..
vue? Tu me serai .. ravie aussitôt q. rendue? — Le
coupab.. connai.. ses fautes : il se les dissimul .. vai-
nement. — Les troupeaux rassuré .. brout.. l'herbe
sauvage. — Les peup .. nés aux bor .. q. la Vistule
arros .., sou .. par adoption devenus tes enfan ..;

tu leur doi .. compte enfin, le devoir te l'impos.. ,
de tes jours triomphan .. — Le ciel n. ven .. touj ..
les biens qu'il n. prodig .. — Quel est l'état horrib .. , ô ciel ! où je me voi .. ! l'un tien .. de moi
la vie , à l'autre je la doi .. — Commen .. les rois
connaitrai ..-ils la vérit.. , puisqu'on la leur cach ..
avec tant de soin?—Vos paren .. se montr .. sévèr.. ;
on ne les en blâm .. point. — Lorsqu'un malheureux implor... tes secours , tu les lui refus .. in-
humainement. — Seign .. , on v. atten ...pour la cé-
rémonie.—Tu joui ...de tes droi .. ; je ne t'en priv ..
pas. — Mes enfan .. son .. dans une excell .. pen-
sion ; je veu .. les y laiss .. ; si je les en retirai .. , je
ne saur .. plus où les plac.. — Le brigan .. fuyai.. ;
je le saisi .. ; il m'aur .. cependant échapp ... si tu ne
m'av .. aid .. à le retenir. — Si v. ne termin .. demain cette affaire , je v. juger.. moi-même,

L'homme en sa propre force *a* mis sa confiance. —
Ne ren .. pas ... la créat.. l'honn .. qui e. dû au
créat.. — La plante mi .. en libert .. garde l'inclinaison qu'on l'... forcée ... prend .. — ... qui parl..
v.? — ... vaincre sans péril on triomphe sans gloire.
— Je vai ..rend.. ... la nature ce qu'elle m'... prêt ..
— Peu ..-elle répar-.. les malh .. qu'elle ... faits? En
...-t-elle la force ? En ...-t-elle l'idée ? — Aux fur..
d'un épou.. ... peine elle résist .. — San .. doute
elle e. ... craindre. — N'insult.. point , seign .., ...
mes sen .. affaibl .. — Le temps qui change tou.., ...
chang .. mes espri .. — Je ne sen .. pl.. en moi *ce*
courage emport.. qu'en ... palais sanglan .. j'av ..
trop écout .. — Partou .. le nom d'Oreste a bless ..
mon oreille, e. ma juste colère à ... brui... se réveil.
— Ah ! ...'en e. trop ! — Cette femme, en trembl.
...'e. soustraite à ma vue. — Qu'elle ... plaigne
au ciel ; ... ciel me justif.. — Dans le désesp .. où
mon âme ... noi.. , mon cœur ne peu .. goût.. une
funeste joie. — Ils ... croirai .. gên.. dans cette ville
immense. — On ... per.. dans ... labyrinthe. —

Allez , qu'on m'apport .. ... gage. — Il é. gran .. il
e. beau de faire des ingra .. — Je t'ai défai .. d'un
père e. d'un frère e. de moi. — Quiconque e. riche
e. tou .. — Le trône , les festins, tout e. prêt ; com-
mencez le bonh.. de ma vie.—Un jeune homme touj..
bouillan .. dans ... caprices. — Vien.. , condui...
moi ver .. elle , e. qu'à ... pieds j'expir .. — Il se
ren ... méprisab .. à ... propr .. yeu ... — Ma main
les a formés , ... feston .. élégan .. , où brill ... l'or
e. la pourpre e. la soie, ... tissu .. d'où jailli .. le
feu des diaman .. , e. ... voil .. légers à repli .. ondoyan ... — Hélas ! *on* sai .. q. de tou .. temps les
peti .. ... pâti des sottises des gran .. — Les gran..
homm .. ... touj .. fait de gran .. fautes. — ... ne
peu .. désir ... ce qu'... ne connaî .. pas. — Tou ..
les homm ..... la même origine- — ... n'a pas de
vrai.. connaissanc .. quan ..... ne peu .. se rendre
compte de ce qu'... sai .. — Les flo .. en... frémi.—
Les plui .. ... rendu les chemins impraticab .. — Ces
sauvag .. ... peu de provis ..—Ces flamb .. allum..,
... redoub .. le jour. — Gran .. Dieu ! tes juge-
men .. *sont* rempl .. d'équité. — Où ... , Dieu de
Jacob, tes antiq .. bontés ? — Il senti .. qu'il ai-
mai .. ... ingrate patrie. — Pour qui ... ces serpen..
qui siff .. sur vos têtes ? Le so .. ne sai .. pas dis-
ting .. ... ami de ... ennemi. — Les vertus ... im-
mortel .. — Le phaéton d'une voiture à foin , vi...
... char embourb .. — Un ânier , ... sceptre à la
main , menai .. , en empereur romain , 2 coursier..
à long .. oreil .. — Les connaiss .. ... le frui .. de
l'étude. — Le ... du cor a retenti 5 foi .. — J'ai
acheté 8 sacs de ... — Si ces MM. venai .. , on
leur parlerai .. — Dans l'instan .. qu'ils verron ...
vengeurs , ... mains von .. se lev .. sur ... persécu-
teurs ; eux-même .. détruiron .. cet effroyab .. ouvrage, monument de ... honte e. de ... esclavage.
— Nos solda .. , nos amis , dans ces fossés sanglan .. , von .. se faire un chemin sur ... cor ..
expiran .. — Va, di ..—... qu'à ce prix je ... perm..

2*

de vivre. — Quan ..¹je voi .. les ni .. des oiscau..,
form .. avec tan .. d'ar ... , je demande quel maître ... a appri.. les mathématiques e. l'architecture.

38. Souvent la prép. se joint à son comp. pour
former un seul mot qu'on nomme adverbe. —
Ainsi L'ADVERBE est un mot qui se joint au v. ou
à l'adj. comme C. I., pour indiquer les circons-
tances de temps , de lieu , de quantité , etc.

Il a combatt.. *avec courage*. — Nous somm..
rest .. *en ce lieu*. — V. agiss .. *avec prudence*. —
Elles sont arriv .. *en ce jour*. — On passai .. *dans
un autre lieu*. *Substituez aux C. I. les adv. ail-
leurs . ici , aujourd'hui , prudemment , courageu-
sément.*

39. On forme les adv. de manière , 1° en ajoutant *ment* aux adj. qui se terminent par une
voyelle ; 2° en ajoutant *ment* au fém. des adj.
qui se terminent par une consonne ; 3° en changeant *nt* en *mment* dans les adj. qui se terminent
en *ant* ou *ent*. *Changez en adv. les adj.. entre
parenthèses.*

Tenez votre parole (inviolable), mais ne la don-
n.. pas (inconsidéré). — Il a parl .. très (sensé).
— Nageon .. (gai) au clair de lune. — Un mor..
s'en allai .. (triste) s'empar .. de son dern .. gîte.
— Les lou .. mang .. (glouton.) — (Mortel) atteint d'une flèche. — Il riai... (niais) en n. regardan .. — (Honteux) chassé du temple de mémoire.
— Ils répondi .. (fier) qu'ils ne connaissai... q. le
droi .. de conquête. — J'atten .. (patient) — Tu
men .. (impudent.) — Il sui .. (constant) les
mêm ... princip .. — V. n'agiss .. pas (consé-
quent.)

40. Un adj. devient adv. et inv. quand il se
rapp. à un v. ou à un adv., de sorte qu'on puisse
y substituer un autre adv., ou y joindre *d'une manière*. — Ainsi *cher* est adv. quand il signifie *chè-
rement* ou *beaucoup*.

.. Ces peupliers son .. *hauts*. — M., v. parl... trop
.., — Les *bons* se corromp .. dans la sociét .. des
méchan .. — Les ennemis tienn .. ... — Ces fl ..
sentent ... — Les lon .. regrets des *courts* plaisirs.
— N. n. somm .. arrêt .. tout ... — Le *clair* flamb..
des nui .. — Les définitions doiv.. être ... — Il. ne
voyai .. pas ... — Suiv..-moi, mes *chers* amis. —
N. av. pay .. ... le plaisir d'un momen .. — Ces
étoff.. se vendai.. ... Ton amitié m'e ...... — ...
épouse, c'est toi qu'il appelai.. — Ces chevau .. n.
on .. coût.. ... — Les momen .. son.. ... — Cette
propriét.. a été vend.. bien ...

42. *Tout*, se rapportant à un subst. ou à un pronom, en prend le genre et le nombre. — *Tout*, devant un subst. sans article, s'accorde avec ce subst.,
mais reste au sing. ainsi que le subst. — *Tout*, sign. *quoique très* ou *entièrement*, est adv. et inv.;
mais lorsqu'il se trouve devant un adj. fém. qui
commence par une consonne, il en prend le genre
et le nombre.—Ecrivez *toute autre*, sign. *une autre*.
— *Tout*, employé sans subst., est un subst.
m. s.

Tou .. les jours je t'atten..., tu revien .. ... les
jours. — ... les homm.. on .. la même origine. —
... les nations semblai .. s'être réuni... — rang, ...
sexe, ... âge, doi .. aspir .. au bonh .. — Jam... on
ne per ..... espérance. — En ... occasion, n. tâ-
cherons de v. être util.. — tu as .. les yeu .. ...
rouges. — Ces femmes étai .. ... éplor.., ... éche-
vel..—Loin d'ici ces maxim .. de la flatterie, q. les
âmes des gran .. sort .. des mains de Dieu ... sages
e. ... savan .. — ... me fai .. peine. — Il a ... di..
— ... cela m'effrai .. — V. aurez le ... pour 6 franc..
— ... mes peines son.. perd.. — ... savantes q. son
.. vos recherch .., ... le monde n'en conçoi .. pas
l'utilit.. — J'av.. les mains ... noir.. — N. ne n.
prisons pas, ... peti .. q. n. somm.., d'un grain

moins q. les éléphants, — Elle e …. triste , … ennuy .. — J'ai … perd .. — … autre personne se serai .. fâch .. — … autre science me plairai .. — Elle
e. … autre aujourd'h ..

43. *Chaque* , *chacun* , *aucun* , *nul* , restent
au sing. ainsi que le subst. — *Nul* , de nulle valeur , se place après le subst. , et peut prendre le
pl. — *Personne* , sign. nul , est un subst.
sing. m.

Chacun de l'équit .. ne fai .. pas son flamb .. —
… de ces dames av.. une bague. — A *chaque* jour
suffi .. sa peine. — A … instan .. on m'app .. — …
chose a son mérite. — *Aucun* poisson ne vi .. dans
ces eau .. empoisonn .. ; … oiseau ne vol .. au-des-
sus ; … plante ne croi .. sur le rivage. — *Nulle*
paix pour l'impie. — … arbre , … plante ne croi ..
sur ces trist .. bor .. — Vos raisons son .. … —
M. , v. êtes … ici. — Je ne conn .. *personne* qui
soi .. plus ent .. — … n'e , arriv .. — Cette …
e. arriv..

44. *Quelque* , sign. un , une , du , de la , des,
prend *s* au pl. — *Quel que* s'écrit en deux mots
devant un v. au subj. , et *quel* s'accorde en genre
et en nombre avec le nom qui suit le v. *Quelque* ,
sign. *si* ou *tellement* , est adv. et inv.

N. av .. pour toi *quelq* .. tendresse. — A … chose
malh .. e. bon. — … crim .. touj .. précèd .. les
gran .. crimes. — … cavaliers accompagnai .. le roi.
— Ayez … pitié du sort d'un malheur .. — On av ..
fai .. … prisonniers. — … soi l'étranger , il fau ..
hât .. sa mor .. — … fû .. ma faiblesse , il fallu ..
trav.. — … ai.. été nos effor .. , n. n'av .. pas réus-
s.. — … euss .. ét .. mes volont.. , on dev .. les
respect .. — … maux q. tu souffr .. pren.. courage,
— … richesses q. tu possèd .. un jour il faudra tout
quitt .. — … puissan .. q. soi .. les rois … méchan,

q. soi .. les flatt .. , la vérit .. ne peu .. être détrui .. — ... personnes ont été étouff.

45. Récapitulation.

Je n'ai point des sentim .. si *bas*. — N. av ..
parl .. très-.., cepend .. on n. a entend .. — Cette
île est très-...—Elle enten .. fort *clair*. — Ces hommes parl .. aussi ... que des femmes. — Cette liq ..
ne m'av .. pas par .. ... — Un sot n'a pas assez d'é-
toffe pour être *bon*. — Les ... se son .. corromp ..
dans la compagnie des méch ...—Ces fl .. sent .. ...
— N. tiendr .. ... — Pepin le *bref* fu .. le prem ..
roi de la seconde race. — Les réci .. de cet histo-
rien son .. ... — Il ne pouv .. que dire, sans odo-
rat ; ..., il s'en tir. — La ligne droite e. le plus
court chemin d'un point à un autre. — N. resterons
bientôt ... — Les mant .. ... — Maudit soi .. l'auteur *dur*, dont l'âpre et rude verve, son cerveau
tenaillant, rima malgré Minerve. — On v. a di ..
des vérit .. un peu ... — Il fau .. cri.. ; elle enten..
fort ... — J'ai du bois *sec*, des feuil.. ... — Tu
veu .. n. donn.. des frui .. ... — N. leur av ..
répond.. un peu ... — Elle m'a parl ., fort ... —
N. av.. trouv.. l'écrit .. moins *nette* sur le papier
fin. — Les caractères me paraissai .. trop ... Je n'en
av .. nul droi .., puisqu'il fau .. parl .. *net*. — Ces
d^{lles} v. ont di .. tout ... ce qu'el .. pensai .. — Il
savai.. align.., pour le plaisir des yeux, des poi-
riers déjà *forts*, des ormes déjà vieux. — N. n.
somm .. crus ... heureux d'av .. échapp .. à la mort,
— Je le donne aux plus ... — Ces ouvrag .. sont
... lon .. et ... ennuy.. — Dans le plus *haut* rang,
il n'oublia pas qu'il étai .. homme. — V. port ..
bien ... vos prétentions. — A de plus ... partis Ro-
drigue doi .. prétend .. — Ces princes descend .. en
ligne *droite* de Mahomet. — Ma fille, tenez-v. ..,
— Elle m'écr., pas ... — N. voul,. all .. tout .., à
Paris. — Elle va ... au but. — Il a laiss .. voir des

intent.. ... — Prenez une *ferme* résolut. — Les ennemis aurai .. tenu ... — Le paquet étai .. *franc* de
port. — Il m'a envoy .. les lettr .. ... de port. —
La violette di .. en vers très-jol ...: modeste en ma
couleur, modeste en mon séjour , ... d'ambition ,
je me cach.. sous l'herbe. — N, leur av .. di .. ...
et net ce que n.. pensions. — Je vai .. v. parl .. ...
— Il est mor .. de la mor .. des *justes*. — Vos ré-
proch .. ne me sembl.. pas ...—Mlles, v. ne chant..
pas ... — Voilà tout ... les papiers que je cherch..
— MM., v. ne raisonn .. pas ... Il fau .. parl...
bien ... devant v. — Il porte de *faux* chev .. et une
... barbe. — Il m'a pay .. en ... monnaie. — Elle
chante ... , elle raisonne ... — Soyons *vrais* dans
nos disc.. — Telle est la ... éloquence. — N, v.
parl .. ... — Ce copiste av .. la main fort *vite*. — Vos
mouvemen .. son .. trop ... — Il a les chevaux les
plus ... — V. parl.. trop ... — Tu march.. assez
... — Rien n'est plus *cher* que le temps. — J'ignor,.
le destin d'une tête si ... — Je ne veu .. pas achet..
si ... un repentir. — L'étude faisai .. nos plus ... dé-
lices. — Les choses inut .. coût.. touj.. trop ...;
elles sont touj.. trop ... — Puis-je sacrif ... mes plu.
,.. intérêts ? — Ces tabl .. on .. ét .. ach .. trop ...
— Je ne voul .. pas ach .. des étoff .. aussi ... — Je
n'acheterai pas aussi ... des étoff.. assez communes.
— V. viendr .. goût .. nos vins *nouveaux*. — J'ai
goût .. des vins ... percés.

Tout le pays est ravag .. — Elle invoq .. à gran..
cris ... les dieux du Ténare. — Puiss.. ...ses voi-
sins ensemble conjur ..., saper tes fondemen .. encor
.. mal assur ..! — Là on trouvai.. ces arbr.. dont
la fl .., qui se renouv .. dans ... les saisons , répan..
le plus dou .. de ... les parf.. — Cotin à ses sermons traînant ... la terre. — Il semble que le ciel,
sur ... tant que n. somm .., soi .. oblig .. d'av..
incessamm .. les yeux. — Dans ... les lieu .. l'art

des législateurs sur l'empire des yeu .. fonda celui
des mœurs. — Ces resp .. seul est .. — ... conso-
lation qui vien .. des homm .. e. vaine . e. ne dur ..
point. — ... œuvre extér .. ne ser .. de rien sans la
charit .. — ... puissance e. faible , à moins que d'ê-
tre unie. — ... élog .. trompeur bless .. une âme
sincère. — ... bourgeoi .. veu .. bât .. comme les gran ..
seign.. ; ... peti .. prince a des ambassad.. ; mar-
quis veu .. av... des pages. — De ... inconn... le
sage se méfi... — Il fu.. ... heureu.. e. ... aise de
rencontr.. un limaçon. — Elle fi... un choix qu'on
n'aur .. jamais cru ; se trouvant à la fin ... heur ..
et ... aise de rencontr.. un malotru. — La terre ,
le soleil , le temps , ... va périr. — La vertu , ...
austère qu'elle v. paraî .. — Cette science , ... difficile qu'elle e. — V. n'aim .. pas la campagne . ...
agréab .., ... rian .. qu'elle est. — Ayez ... confiance en nous. — Mes sœurs étai .. ... distrai .., ...
occup .., ... ennuy .. — On vien .. de ... côté, ou
de ... côtés ; de ... part , ou de ... parts. — ... autre nation aurai .. perd .. courage. — En ... autre
circonst .. nous tâch .. de v. être util .. — Que j'é-
tud .. les mathématiques ou ... autre science , il fau..
que j'y appliq .. mon esprit. — J'ai trouv .. cette
maison ... autre qu'elle n'ét .. l'année pass .. — V.
av .. une ... autre figure. — La méthode que n.
voul .. suivr .. est ... autre. — A Paris ou dans ...
autre ville. — Cet enf .. est .. yeux et ... oreill ..
— Marcù ..... doucement. — ... magnifiquement
habill .. qu'elle étai .. — Les choses allai .. ... de
trav .. — Elle étai .. ... attention. — ... à vous ,
votre amie Joséphine. — Elles son .. ... zèle , ... ar-
deur. Elles von .. ... danser ... — ... son .. également
coupab .. ; ... ont mérit .. la mor ..

Je montre *quelque* joie de voir le fils d'Achille et
le vainq .. de Troie. — La Grèce a-t-elle encore ...
droi .. sur sa vie ? — Que les Grecs cherch .. ...
autre proie. — Au bou .. de ... jours le voyag .. ar-

riv.. — Av..-v. .... haîne pour le vice, ... amour
pour la vertu ? J'av.. de ... espoir une faible étin-
celle. — Si j'étai.. ... peintre ou .., étudian.., re-
parti.. le renard, j'avancer.. la joie q. v. aur.. en
le voyan.. — J'en pui.. jouir demain, et ... jours
encore ; je pui.. enfin compt.. l'aurore plus d'une
fois sur vos tombeau..—Craign.., Romains, craign..
que le ciel ... jour ne transport.. chez v. les maux
et la misère. — Je veu.. ... jour arrang.. ma bi-
bliot.. — Dans ... circonst.., il fau ..paraîtr..
av.. tort. — ... volum.. me manq.. déjà. — ... soi
la beaut.. de la vertu. — ... que soî.. ta puiss..,
tu es mortel. — ... que fu.. ma faibl.., je
voul.. résist.. — ... que soi.. les forces de cet
empire, il peu.. s'écroul.. — Nos vertus, ... soi..,
son.. loin de la perfect.. — ... soi.. le forfait,
le repentir l'expi.. — .... fuss.. mes maux, ... fût
ma misère, on y paraissai.. insensible. — Tes in-
fortunes, ... soi.., n'excit.. nullement ma pitié. —
... ait été votre beaut.., il n'en reste auc.. trace.—
... ai.. et.. mes efforts, je n'ai pu réuss.. — ...
suj.. qu'on traite, ou plaisan.., ou sublime. —
De ... façon qu'un esclave le nomme, le fils de
Jupiter passe ici pour un homme. — ... richesses
qu'on ait, de... plaisirs que l'on jouisse, à ... di-
gnités que l'on parv.., ... jour il fau ..tout quitt..
— ... malh.. q. n annonc.. les dieux, n'écou-
tons que la voix du devoir. — ... méch.. que soi..
les homm.., ils n'oserai.. paraître ennemis de
la vertu. — ....brillan.. que soi.. ces nuag..., ils
ne renferm.. que de l'eau. — ... hau... que nous
paraiss.. les montagn.., ... profon.. que soi.. les
mers, ce ne sont que de légères inégalit.. sur la
surface du globe. — ... vár.. que soi.. nos plaisirs, ... multipl... que soi ...nos occupat.., ...
gran.. que soi.. nos afflict.., ...ridic.. que soi..
notre vanit.., ...imparf.. que soi.. notre sagesse.
— C'est en ... sorte se donn.. part aux bell.. ac-

tions, que de les louer de bon cœur. — ... enrhum..
que tu soi .. , ma fille. — ... décourag.. que je
soi .. — ... fatig.. que v. soy .. , Mmes. — On retrouv .. à peine ... vestiges de cette ville. — ... cen-
taines d'Espagnols ont dépeupl.. le nouv.. monde.
— ... soin qu'on apporte à se corrig.. , on conserv..
touj.. ... défauts. — J'ai trouv .. cette anecdote
... part. — Tu pren.. ... part à mes peines. —
Voyez-vous ... chose d'assur.. , de permanen.. ?
— Il a touj .. ... chose de jol .. , d'agr .. à racont ..
— Les méch.. font *quelquefois* de bonn.. act .. —
Ajoutez *quelquef* .. et souv .. effacez.—Ce lac fu..
autref .. une fertile campagne.

46. Le PRONOM RELATIF représente un nom ou un
pronom dans une proposition qui modifie ce nom
ou ce pronom. Dans cette phrase : *l'homme QUI
désire toujours est malheureux* , QUI *désire
toujours* , modifie le nom *homme* , représenté
par *qui*. *L'antécédent* du pron. rel. est le nom
ou pron. auquel il se rapporte ; la proposition
incidente est celle qui modifie l'antécédent ; elle
commence par un pron. rel.

Les pron. rel. sont : QUI, touj. suj. quand il
n'est pas précédé d'une prép. , et c. I. quand il
en est précédé ; QUE, C. D. ; DONT, C.
I. signifiant DE QUI ; LEQUEL , LAQUELLE , LES-
QUELS , LESQUELLES , suj. ou C. D , mais rare-
ment employés sans prép. , et c. I. quand ils
sont précédés d'une prép. ; où, C. I. qui signifie EN QUI , DANS LEQUEL , etc ; D'OÙ , qui
sign. DUQUEL , HORS DUQUEL etc.

Le trône où tu t'assied .. s'abaissai.. devant moi.
— Le guerr.. qui délibèr .. , fai .. mal sa cour
au dieu Mars. — La géométrie est une science qui
a pour objet la mesure de l'étendue. — Je chante

ce héros qui régna sur la France. — V. employ..
des express.. dont v. ne connaiss.. pas la valeur. — Les passions dont v. êtes agit.. se pei-
gn... sur votre visage. — ce Dieu que tu trahi..,
ce Dieu que tu blasphém.., pour toi, pour l'u-
nivers, e. mor.. en ces lieu.. mêm.., — l'hymen
v. lie encore aux Dieux dont v. sort.. —
l'homme à qui j'av.. donn... tou.. ma confiance,
m'a tromp.. — Voilà les livr.. auxquels je donne
la préférence. — Je voi.. la maison d'où sor..
cette fumée.

47. Le pr. rel. s'accorde en genre, en nombre
et en pers. avec son ant. — ainsi le v. qui a qui
pour suj., est de la même pers. que l'antécéden
— si l'ant. est précédé d'un article, le qui et le
v. restent à la 3e pers.

Est-ce moi qui produi.. mes rich.. ornemen..?
c'est celui dont la main posa mes fondemen..—
Et toi, soleil, et toi, qui dans cette contrée, reconnai.. l'héritier et le vrai fils d'Atrée, toi qui
n'osa.. du père éclairer le festin, recule, ils t'on..
appri.. ce funeste chemin. — Dieu qui veng..
l'église.., e. puni.. les tyrans, te verra-t-on
toujours accabl.. tes enfan...? — je suis clorinde,
qui vien.. à ton secours. — je sui.. Apollon,
qui tien.. l'arc d'argen.. e. lance au loin les trai
.. — Vous êtes le seul qui puiss.. me secour..
— tu n'e. pas le premier qui ai.. commi.. cette
erreur. — toi qui ten.. le piège inévitable où
tomb.. les mortels. — nous étions 500 romains
qui av.. juré ta mor.. — vous êtes le seul qui
ne soi.. pas venu. — scéléra.. qui croi.. avoir
échapp.. à la justice humaine, e. qui ne redout..
point la justice divine, appren.. q. tes crimes son
.. découver.. — il ne vien.. personne, e. moi
qui attendai.. 50 convives, e. qui av.. tou..

prépar ..! je ne suis pas le seul qui ai ... eu ce désagrément.

48. Que pr. rel. peut se tourner par *lequel*, *laquelle*, *lesquels*, et dépend touj. d'un nom ou d'un pron. qui précède que conj. dépend d'un v., sign. ceci. — Une conj. demande après elle une phrase; une préposition demande un nom ou un inf.; u. adv. ne demande aucun complément, à l'exception de quelques-uns, qui viennent d'adj. qu ont eux-mêmes des compléments.

C'est toi qui m'a .. perdue. — Des biens q. lui ra- vi .. la fortune cruel ..., un seul fils lui restai .., prêt à périr comme elle. — il e. un Dieu dans les cieu .. dont le bra .. soutien .. l'innocence. — quel .. sont les sources d'où v. av .. puis .. ces exempl ..? — même les tristes lieu .. où n. av. souffer .. ne sont pas sans attraits. — av .. — v. vu le bâtiment auquel je vai .. ajout .. une aile ? — du salon qu'on élève il condamne la face. — n. av. franch .. ces montagn .., qui son .. couvert.. de neige e. de glace. — fureur d'accumul .., monstre de qui les yeu .. regard .. comme un poin ... tou .. les bienfai .. des Dieu .. — V. sav .. q. — voilà les personn .. q. — vous étiez arriv .. avant — je vien .. de — n. viendr .. puisque — je serais venu si — v. parl .. sensément — je pren .. les livr .. q. — v. ignor .. q. — n. avons pass .. avec — elle est arriv .. hier — ils on .. travaill .. sans — v. riez quoique — je v. apporte les jeunes arbr .. q. — tu di .. q. — v. av .. grimp .. contre — j'ai parl .. parce que — — n. rions car — ils on .. pass .. sous — j'ai la lettre q. — il par ..' demain. — v. écriv ... bien. Autour de moi j'entend...', je veu... q... tou... le monde soi. ..heureux...—La tempête a éclat... aussi- tôt q...—Elle est partie depuis.—V... me parl...

sans q...—V... me trahiss..., moi qui v... comblai...
de bienfai...—N... somm...parvenus à—Je connai...
les enfan... aux paren... desquels v... av... parl...

49. La CONJONCTION réunit plusieurs prop..., où
lie une prop. à une autre. Les conj. simples sont
ET, NI, OU, QUE, La conj. ET, expr. ou sous-
ent. entre plus. suj. et la conj. NI, lorsque l'action d'un suj. n'exclut pas celle de l'autre, veulent
le v. et l'adj. au pl. — La conj. OU, expr. ou
sous-ent., et la conj. NI, lorsque l'action d'un suj.
exclut celle de l'autre, veulent le v. et l'adj. au
sing. ; alors l'adj. s'acc. avec le dern. subst. —
OU, PLUTOT, DU MÊME, sont sous-ent., s'il y a
gradation, synonymie quant à l'action des suj.—
Les suj. de diff. pers. unis par une des conj. ET,
NI, OU, veulent touj le v. au pl., et à la principale
personne — Pl. de 2 suj. unis par la conj. OU,
veulent le v. au pl. — C'EST, suivi de plus. suj.
sing. reste au sing. — Plus. suj. représentés par un
des collectifs *tout, chacun, rien, personne*, veulent le v. au sing.

—La mouche e. la fourmi contestai... de leur prix.
—L'amour, l'ambit.., l'avar.., la haine, tienn...
comme un forçat notre espr.. à la chaîne. — Patience e. succès march.. touj.. ensemb.. — L'or
e. l'arg.. *s'épuis*...; mais la vertu, la constance
e. la pauvret.. ne... jam.. Le chat et le renard,
comme beaux peti.. sain..; s'en all.. en péléri-
nage. — Une chèvre.., un mout.. avec un co-
chon gras, mont.. sur même char, s'en all.. à
la foire. — La vict.. e. la nuit, pl.. cruel...
q. n.., n. excitai.. au meutre, e. confondai..
nos cou.. — Autref.. la just.. e. la vérité nu...,
chez les prem.. humains fu... long-temps conn...
— Le luxe, l'org.. e. la mollesse fu... port..
au dern.. point sous les emper.. — Je n'ai pl.

rouv .. qu'un horrible .. mélange d'os e. de chair
heurtr .. e. traîn .. dans la fange. — Dans l'inst..
une vict .. glor .. ou une prompte mor .. v. e.
accord .. — Il lui représentai .. l'embarr... où le
mettai.. une famille.. nombr.. , un procès, une méch .. aff .. — Ni la poésie ni la peint .. ne florissai..
chez ce peup .. — Ni mon grenier ni mon arm ..
ne se rempl .. à babill .. — Ni l'or ni la grand ..
ne n. ren .. heur .. — Ou votre néglig .. où votre faibl .. v. perdr .. — Ou ton san .. ou le mien
laver .. cette, inj .. — Une heure, un momen ..
peu .. fix .. votre sort. — Un regar .., un soupir,
un geste v. trahi .. — Cette cruaut.., cette barb..
(être) affr .. — Ni Ariste, ni Cléante ne ser.. nom-
m .. ministre des finances. — Ni votre fr ... ni votre cousin n'... ach .. ce chap... — Ni Léon , ni
Jules n'... remport .. le prem .. prix. — Ni Emi-
lie , Ni Julie n'épouser .. le colonel. — Ni Hor-
tense, ni Louise n'(être) la mère de Gustave. —
V. e. moi av .. ét .. tromp.. ; ni v. ni moi n'ét..
cap .. de résist .. — Ni v. ni vos paren.., ne ser..
satisf.. — Le roi, l'âne ou moi, n. mourr..—
Lui, elle e. moi , ét .. expos .. aux mêm .. infort .. — Ou votre fr .. , ou votre sœur ou v.,
cherch .. à m'éloign .. — C'(être) le roi e. la reine
qui pass .. — ... la musiq .. e. la peint.. q. je pré-
férai .. — Demain ... mon fr .. e. moi qu'on recevr .. — V. attend .. ces dam.., ce n'... ni
l'une ni l'autre qui viendr.. — Une fatale révolut..,
une rapidit .. q. rien n'arrête , entraî .. tou ..
dans les abîm .. de l'éternit..; les sièc .., les gé-
nérat .., les empir .., tou ... va se perd .. dans ce
gouf .. — Facteurs, associés, chacun lui fu. fidèle.
— Honn.., fortune, réputat.., tou.. fu.. com-
prom .. — Le temps, les biens, la vie, rien ne
n. appart .., tou .. (être) à la patrie. — Sa beauté,
son enjouem.., sa nob .. fierté s'enfuyai .. loin de
lui. — Ou l'inquiétude , ou la fatig ..., ou la mauv ..

nourr.. av.. altér... ma santé. — Où la honte,
on l'occas.., ou l'exemple, n. entraînai.. — Il
e. dou.. de secour.. l'innoc.. e. la vertu q. l'on
a injust.. opprim.. — Sa gloire, son amour, mon
père, mon devoir, lui donn.. sur mon âme un
trop juste pouv... — Ni v. ni moi n'ét.. disp... à
f.. un tel sacrif.. — Le noir venin, le fiel de leurs
écri..., n'excit.. en moi q. le pl.. froid mépris.

50. On ne peut donner le même C. à plusieurs
v.., à plusieurs adj., à plusieurs prép.., que
quand ils n'en exigent pas de différents. On peut
dire : *il est connu et estimé de tout le monde*,
parce qu'on dit *connu de et estimé de.*

Je désir.. e. crain.. sa présence. — Ces seign..
m'on.. par.. être fiers et jalou.. de leur autorit..
— Il ne donnai.. ni ne demandai.. rien à personne. — Je ne sai.. si n. partir.. avant ou après
la messe. — Les médisan... son.. haï.. e. mépris.. de tou.. le monde. — N. ne somm... ni
entr.. ni sort.. par cette porte. — Connaiss...-v..
les règlem.. auxq.. v. dev.. ob.. e. v. conform.. — Mme, je ne v. ai ni v.. ni entend.,
— La fortune n. a tour à tour prodig.. e. retir..
ses fav..—Elle ne se serai.. ni empoison.. ni poi-
gnard.. — *Expliquez ces ex., et corrigez les
suivants.*

All..—v. ou ven...—v. de Paris ? — Je ne nui..
ni ne favorise vos proj.. — Votre frère e. seul
propre e. digne de rempl.. cet emploi. — N. ét..
dispos.. e. même sur le point de part.. — N.
ne somm.. ni entr.. ni sort.. du jardin. — Voila
la pers. q. j'ai v.. e. parl.. aujourd'hui.

51. QUE est la conj. qui lie deux prop.., de
sorte que la première affirme quelque chose de la

2°. — La 1re se nomme PRINCIPALE, et la 2° su-
BORDONNÉE. — Ainsi la sub. est le C. D. de la
princip.

Je v. di.. q. la guerre e. déclar... — V. oubl..
q. v. mourr.. un jour.. — Tou.. n. annonce q.
v. n. quitt.. — Je veu.. qu'on m'ob.. — On
doute q. v. part.. aujourd'hui. *Dist. les princip. et les sub.*

52. QUE, pr. rel., sign. LEQUEL, LA QUELLE,
etc., et se rapp. touj. à un nom ou à un pr.;
QUE, conj., sign. CECI, CELA, LE, et dépend
d'un v.

Des dieux q. n. serv.. connai.. la différence.
J'ai cru.. q. cette nuit all.. veng.. mon père.
— Ma charit.. s'éten.. sur tou.. ceux q. je voi..
— Il fau.. q. tou.. cède à la nécess.. — Des
biens q. lui ravi.. la fortune cruelle. — J'att...
en ces déser.. qu'on vienne me cherch.. — Il
suff.. qu'un inst.. elle ai.. touch.. mes mains.
— N. n'aim.. pas touj.. ceux q. n. admir..—
Le roi, qu'on croyai.. mor.., va paraît.. à vos
yeux. — Où sont–ils, ces comba.. q. v. av..
rend..?—Je voi.. qu'on me trahi.. — Il paraî..
q. tu n. oubl.. — *Dist. les conj. des pr.
rel.*

53. Souvent la sub. est sans v.; alors on y
sous–ent. le v. de la princip., le plus souvent au
même temps et au même mode.

Ainsi que la vertu, le crime a ses degrés. —
L'un e. vaillan.., mais prompt; l'autre e. pru-
den.., mais froi.. — Le bonh.. des méch..
comme un torr.. s'écoule. — Son chien dormai..
aussi, comme aussi sa houlette. — Autant qu'un
patriarche il v. faudrait vieill.. — La guerre le
vengea bien mieux qu'une satire. — *Analysez et
indiquez les v. sous–ent.*

54. Quand le v. de la sub. est sous—ent., le v. de la princip. ne s'accorde qu'avec son propre suj.

Le juste, aussi bien q. le sage, du crime e. du malh.. sai.. tir.. avantage. — Le nourrissondu Pinde, ainsi que le guerr.., a tou.. l'or du Pérou préfér.. un beau laurier. — Dieu, ainsi q. les homm.., serai..—il le jouet des passions ? — L'avarice, peut—être plus encore q. tou.. les autr.. pass.., s'empar.. de l'âme, et l'absorb.. tou.. entière. — Non-seulement ses alliés, mais encore toute sa famille l'av.. abandonn.. — Non-seulement les caresses, mais même le- courrou.. d'une mère ne respir.. que l'amour.

55. On distingue le PARTICIPE PRÉS. INV., 1° quand on peut le remplacer par une sub. formée d'une des conj. *comme, puisque, si,* etc. ; 2° quand il est précédé de EN, expr. ou sous—ent., 3° quand il a un C. D. ; 4° quand il expr. une action actuelle, accidentelle ; comme circonstance de l'action principale.

Cette réflex.. embarrassan.. notre homme, on ne dor.. point, dit-il, quand on a tant d'espr.. — Les eau.. décroissan.. déjà, n. espér.. bientôt partir. — Mes paren.. vivan.. encore, je ne pui.. dispos.. de rien. — Cette petite fille rian.. e. remuan.. sans cesse, on ne pouv.. faire son portrait. — Elle e. part.. en rian.. comme une folle. — Plus.. hommes.. céléb.. mourur.. en rian.. — Un fleuve les arrêt..; et l'anguille en nagean.., comme l'hiroudelle en volan..., le traversa bientôt. — Bientôt Paris n'a v.. q. des énergumènes, de sal.. Cicérons, de vilain.. Démosthènes, mettan... l'assassinat au nombre des vertus, égorgean.. leurs paren.. pour faire les Brutus. — V.-même, condamnan.. vos injust..

dess .. , tantôt à v. par .. v. invitiez nos mains ;
v.-même, rappelan .. votre force première , v.
vouliez v. montr .. e. rev .. la lumière ; v. la
voy .. , Mme. — Qui ne serai .. pas touch .. de la
situation de Mérope , aiman .. son fils à ce point,
n'ayan .. d'autre espoir ni d'autre bien au monde,
e. tremblan .. de le perd ..,ou de l'av .. déjà perd..?
— Je les ai vu .. mouran .. de la mort des
brav .. — Il enten .. les serp.. ; il croi .. les voir
rampan .. autour de lui. — Des bateaux de pê-
cheurs paraissan .. e. disparaissan .. tour-à-tour
entre les lames , hasardai .. , en s'échouan .. sur
le rivage , d'y trouv .. leur salut. — En grondan..
sans cesse cette jeune fille , v. la décourag .. ;
je la voi. touj .. lisan .. , étudian .. — L'assiette volan .. s'en va frapp .. le mur, e. revien..
en roulan .. — La mer mugissan .. ressemblai ..
à une pers .. qui ét .. trop irrit .. — On voi..
la sueur ruisselan .. sur son visage. — N. enten-
dîm .. la bombe éclatan .. avec un horrib ..
fracas.

56. Le mot terminé en ANT est adj. , et s'acc.
avec le subst. lorsque l'on veut expr. une qualité, un état ou une disposition durable du subst. ,
de sorte qu'on puisse le remplacer par un adj. —
Quand il est sans C. , il est presque touj.
adj.

L'étalon généreu .. à le por .. plein d'audace ;
sur ses jarrets plian .. se balance avec grâce. — E.
quels regr .. touchan .. vienn .. aigr .. ses peines ! — Le brui .. des cors, celui des voi .. ,
n'a donn .. nul relâche à la fuyan .. proie. — La
bique allan .. rempl .. sa traînan .. mamelle e. paî-
tre l'herbe nouv .. , ferma sa porte au loquet. —
Enten .. ma voi .. gémissan .. , habitan .. de ce
vallon. — Les plus accommodan .. , ce sont les
plus habil .. — Il mi .. entr'eux e. lui cette onde

menaçan .. — Sans cesse ignoran .. de nos prop..
besoins, n. demand .. aux dieux ce qu'il n. fau..
le moins. — Par de brillan .. exploi .., par de
pompeu .. disc .. , le vulgaire e. sédui .. et le sera
touj .. — Tou .. les homm .. vivan .. son .. ici-
bas esclav .. — Les Juifs appri .. la langue chal-
daïque, fort approchan .. de la leur. — Figur ..
toi Pyrrhus les yeu .. étincelan .., eutran .. à la
lueur de nos palai .. brûlan .., sur tou .. mes
frèr .. mor .. se faisant un passage, et de sang
tout couv .. échauffan .. le carnage. Songe aux
cris des vainq .., song .. aux cris des mouran ..,
dans la flamme étouffés, sous le fer expiran .. —
Analysez ces deux ex.

57. *Exerçice sur ces règles.*

Cependant elle hésite, elle approche en tremblan .., posan .. sur l'escal .. une jambe en avant,
étendan .. une main, portan .. l'autre en arrière,
le cou tendu, l'œil fixe, e. le cœur palpitan ..,
d'une oreille attentive avec peine écoutan .. — Enfin, il se trahi .. lui-même par les espr .. sor-
tan .. de son corps échauff.. — La fortune passan..
l'éveilla doucement, lui disan .. : mon mignon,
je v. sauve la vie. — Il y a des plantes, des
bêtes e. des pers .. rampan .. — Les anim .. vivan .. d'une manière plus conforme à la nature,
doiv .. être suj .. à moins de maux q. n. — C'e.
en rampan .. q. les serp .. s'élèv .. quelquef .. si
hau .. — Voi .. ces fl .. à peine éclo .., mouran..
de la piqûre d'un insecte. — S'agitan .. de fureur
sous leurs voûtes tremblan .., ils lutt .. en grondan .., ils s'indign .. du frein. — Comb .. de pér..,
tremblan .. de dépl .. à leurs enf .., sont faib..,
et croi .. être tendr .. ! — Ou comb .. de mères tremblan .. de dépl .. à leurs enf.. — Ces
charman .. peintur . représen .. de vast .. é. rian..
campagn .. — Tremblan .., n. envoy .. in-

terrog .. Délos. — Je sui .. loin de plaid .. pour
les maris battan .. ; on ne doi .. maltrait .. pers..
— Le plus sage de tou .. les roi .. n. représente la femme héroïq .. mouran .. avec un visage rian ..

58. Le PRÉTÉRIT DÉFINI expr. une action faite
dans un temps déterminé et entièrement écoulé ;
il doit désigner une époque éloignée au moins de
l'espace d'un jour. Le PRÉTÉRIT INDÉFINI expr. une
action faite dans un temps indéterminé, ou non
entièrement écoulé ; il peut aussi désigner un fait
très-éloigné, mais encore présent, en quelque
sorte, par ses résultats.

Quoi ? Ne m'av ..-vous pas ; vous-même, ici,
tantôt, ordonn .. son trépas ? — Romulus fond ..
Rome 752 ans avant J.--C. — Qui v. a pu plong..
dans cette humeur chagrine ? A--t-on par quelq..
édit réform .. la cuisine ? Ou quelq .. long .. pluie
inondan .. vos vallons, a-t-elle fai .. coul .. vos
vins e. vos melons ? — Charles V, di .. le sage,
naq .. à Vincennes le 21 janv .. 1537. Il fu .. le
prem .. enf .. de France qui pr .. le nom de dau-
phin. — Henri II mour .. à 40 ans, après 14
ans de règne : il laiss .., de Catherine de Mé-
dicis, 3 filles e. 4 fils. — Charles, en donnan..
son consentem .. à la Saint-Barthelémy, cru .. q.
l'odieux en tomberai .. sur les Guises, e. ce fu ..
là le but de sa 1re déclarat .. ; mais on ne le laiss..
pas long-temps dans cette agréab .. espérance. —
Homère viv .. environ 900 ans avant J.--C. Les
poëm .. sublim .. qu'il n. a laiss .. serv .. encore
de modèl .. auj .. — Les Romains n. on .. transm-
mi .. leur langue et leurs lois. — *Paraître*. Une
comète ... en 1811. Hier le temps n. ... trop
froi .. — J'ai tou .. les ouvrages qui ... cette
année. — N. ne suiv .. pas cet auteur ; il n. ...
trop abstrai .. — *Écrire*. C'est moi qui ... cette

lettre. — Jam .. poëte n'... plus correctem .. q.
Racine. — Je sai .. à qui v. ... ce matin. — Je
v. ... hier pour sav .. de vos nouv .. — J'... peu
de chose cette année. — *Parler.* On ... long-
temps en Angleterre un Français mêl .. de nor-
mand. — Aristote ... de tou .. , mais ses écr ...
sont trop défigur .. pour qu'on puisse bien en jug..
— L'aventure et .. singul .. ; chacun en ... —
N. ... de v. ; v. le sav .. — L'ann .. dern .. on...
de ce proj .. ; mais cette ann .. , personne n'en...

59. Le PRÉTÉRIT ANTÉRIEUR. expr. une action
qui a eu lieu avant une autre qui est elle-même
passée. — C'est pourquoi il est touj. joint comme
sub. à un prét. , par une des conj. *dès que, aussitôt que, quand, lorsque, à peine.* — Il y
a deux prét. ant. ; l'un DÉFINI, qui se joint au
prét. défini : *j'eus lu* ; l'autre INDÉFINI, moins
usité, qui se lie au prét. indéfini : *j'ai eu lu.* —
Quelquefois le prét. ant. s'emploie seul et sans conj. ;
alors on a pour objet de peindre l'action passée et
promptement exécutée.

Il n'y eu .. pl .. moyen de les gouvern.., quand
la victoire de Salamine les (rassurer) contre les
Perses. — Un mom .. après q. j'(envoyer) mon
paquet, le petit Dubois m'apporta celui q. je croy..
égar .. — Quand je (reconnaître) mon err .. , je
f .. honteux des mauv .. procéd .. q. j'av .. eu ..
à son ég .. — Lorsq .. le grand César (terminer)
sa vie, tu partag .. le deuil de ma triste patrie,
— Dès q. n. (perdre) de vue les côtes de la Sicile, le ciel se couvr .. de nuag .. — Quand Voltaire (cesser) de vivre, un écriv .. conn .. di ...;
n. rentr .. en répub .. — Quand l'enfer (produire)
la goutte e. l'araign .. , mes fill .. , leur di ..-il,
v. pouv .. v. vant .. d'être pour l'humaine lignée
égalem .. à redout .. — Le ven .. étant favorab ...,
en peu d'heur .. n. (traverser) le détroi .. — En

moins d'une heure il (transporter) tous les paquets. — En moins de 15 jours il (apprendre) par cœur tout ce grand poëme. — Bientôt n. (disperser) cette troupe indisciplin .. — En 10 minutes n. (faire) rentr .. tou .. le troup .. — Au bou .. de quelq .. ann .. ce prince (dissiper) en foll .. dépenses les trésors q. 20 rois av .. accumul .. — *Après avoir écrit cet ex. au défini, mettez-le à l'indéfini.*

60. On met au même prét. Les v. qui expr. des actions qui ont lieu en même temps. — Le prét. déf. ne peut être joint au prét. indéf. que pour expr. des actions qui ont eu lieu dans des temps très-différents. — On joint le prét. indéf. au présent lorsque les époques sont très-peu éloignées ; en général, chaque v. prend le temps que l'époque de l'action indique. — 5. Enfin, toute prop. présentée comme exprimant une vérité de tous les temps, se met au prés. de l'ind.

On conte qu'un serp .., voisin d'un horlog .., (c'ét .. pour l'horl .. un mauv .. voisinage), entra dans sa bout .., e. cherchant à mang .., n'y rencontr .., pour tou .. potage, qu'une lime d'acier qu'il se mi .. à rong .. — On sai .. qu'à votre tête les dieux on .. d'Ilion attach.. la conquête .. ; mais on sai .. q. pour prix d'un triomphe si beau, ils ont aux champs troyens marq .. votre tombeau. — On dira q. Titus, descendan .. chez les mor .., éu .. de v. un regard pour prix de ses remor ..— Reprenez vos espr .., et souv ..-v. bien qu'un diner réchauff .. ne valu .. jam .. rien. — E. ne voy ..-v. pas, di .. -elle, q. la fin de cette querelle sera l'exil de l'un ? Q. l'autre, le chassan .., le fera renonc .. aux campagn .. fleur .. ? — V. avouer .. q. je n'ai pas mérit .. les reproch .. q. l'on m'a fai .. — Je v. fer .. voir qu'on ne m'impose pas

par d'étern .. réci .. d'exploi .. e. de comba .. —
Les méconten .. disai .. qu'il av .. tou ..; l'empire,
le pouv .. , les trésors , la dignit .. , le rang. —
Un loup qui commençai .. d'av .. petite part aux
brebis de son voisinage , cru .. qu'il fall .. s'aid ..
de la peau du renard. — Un baudet charg .. de
reliq .. s'imagina qu'on l'ador .. — J'ai pens .. q.
v. trav .. déjà. — Mes paren .. ont appr .. q n.
n. voy .. tous les j .. — J'ai cru q. cette nuit all ..
veng .. mon père. — V. pouviez lui dir .. q. v.
av .. ét .. tantôt erran .. , tantôt captif en Sicile.
— Il s'imaginai .. qu'on l'av .. trah .. — Je v.
av .. bien di .. q. v. me casser .. la jambe. —
Dieu promi .. à Jacob q. sa postérit .. égaler .. le
nombre des étoil .. — J'ai conn .. dans mon enf ..
un vieill .. qui disai .. av .. v .. Louis XIV. —
N. vîm .. devant la chaum .. quelq .. peti .. enf ..
qui jouai .. — Mars régnai .. dans les lieux qu'il
habitai .. alors. — Les Macédoniens entrèr .. dans
la ville q. les habitan .. av .. abandonn .. — La
cour de France refus .. du service à cet Eugène qui
devin .. bientôt après notre pl .. cruel ennemi. —
N. av .. rencontr .. un bûcheron auq .. n. av .. demand .. le chemin , e. qui n. a cond .. hors de
la forêt. — La bataille de Salamine f .. livr .. la 1re
ann .. de la 73e olympiade. On a conserv .. le souvenir des peup .. et des particul .. qui s'y distin-
guèr .. le plus. — Il mouru .. ; 1,000 brui .. en
cour .. à ma honte. — Je fu .. , je l'avou .. , un
peu honteux de ma méprise. — Il f .. démi .. , et
l'on tomba d'accor .. qu'à peu de gen .. convien ..
le diadême. — Il ét .. expériment .. , e. sav .. q. la
méfiance e. mère de la sûret .. — Un sot trouve
touj .. un pl .. sot qui l'admir .. — Ovide a di .. q.
l'étude adouci .. les mœurs , e. qu'elle efface ce
qu'il y a en n. de gross .. e. de barbare. — J'ai
touj .. cru q. Dieu e. bon , e. q. sa bonté s'éten ..
sur tou .. la nature. — Il m'a di .. qu'il ne fau ..

jam .. vend .. la peau de l'ours qu'on ne l'ai .. mí ..
par terre.

61. Le mode IMPÉRATIF ne contient qu'un temps;
il expr. touj. le futur.

Tonn .. , pleur .. , gémi .. , j'y sui .. indiffé-
rente. — All .. , part .. , mes vers , dern .. frui ..
de ma veine. — Descen .. du hau .. des cieu .. ,
auguste vérit .. , répan .. sur mes écri .. ta force et
ta clart .. — France , repren .. sous lui ta majest ..
première. — Meur .. libre , et soi .. veng .. d'un
traître.

62. L'impératif terminé par *e* muet prend une *s*
quand il est immédiatement suivi de l'un des deux
C. I. EN ou Y. — Mais si ce C. appartient à un
inf. suivant, ou si EN est prép. , l'impératif terminé par *e* muet ne prend point d'*s*. Dans aucun
cas on ne peut dire *vas-en*.

Sache q. je sui .. le maître. — ...-en la raison.
Aie soin de tou .. ce que je conf .. à ta garde.—
Mets mes tabl .. dans cette chamb .. et ...-en le
plus gran .. soin. — ..., en même temps , le soin
d'en commenc .. le catalogue. — *Va* , tyran des
mortel .. , Dieu barbare et funeste; ... fair .. re-
tent ... tes regr .. loin de moi. — Le jardin e. ici
près : ...-y; ... t'y prom .. — ... en Angleterre.—
Cueill .. ces roses : ...-en tan .. q. tu voudr ..; ...
en te prom .. quelq .. fraises. — Cette chambre
t'e. réserv ..; port ...-y tes meubl .. — Le
feu e. à cette maison ; vol .. y port .. du
sec..

63. Ne dites point *m'y* , *t'y* , après un impér. ;
dites *y-moi* , *y-toi*.

*Répondez tant affirmativ. que négativ., par
la 2ᵉ pers. du sing. de l'impér., aux questions*

suiv. Couperai--je des branches ? **RÉP.**, oui, coupes-en ; non, n'en coupe pas.

Te donnerai-je de l'arg .. ? — Lui expliquerai-je ce passage ? MM., v. dirai-je la vérité ? — Achèterai-je des liv .. ? Le suivrai-je à Paris ?— Laisserai-je des meubl .. dans cett~ chambre ? — Prendrai-je ces marchandises à Lyon ? — Me conformerai-je à ce règlem .. ? — Te mènerai-je au spect.. ? Te ferai-je cette prop .. ? — T'offrirai-je des condit .. ? T'enverrai-je à la camp .. ? — M'amuserai-je de cela ? — Laisserai-je ces liv .. aux enfan.. ? Bâtirai-je une maison ? — Montrerai-je de la colère ? — Prendrai-je un chapeau ? — Porterai-je du sable ? — Te donnerai-je une plume ? — Planterai- je un arb .. en ce lieu ? Laisserai-je des arb .. ici ? — Feindrai-je de la surprise ? — M'amuserai-je ici ? — Te laisserai-je ici ? — T'informerai-je de cela ?

64. Lorsque la prop. princip. expr. 1° le doute, 2° la crainte, 3° le désir, 4° la nécessité, 5° la surprise, 6° le plaisir, la peine, l'opinion, 7° la négation, l'interrogation, le v. de la sub. prend le mode **SUBJONCTIF**. — 8° Tout v. qui, pris affirmativ, veut le subj., le gouverne aussi, pris négativement ou interrogativement.

1. Je doute fort q. votre père consen .. à une union si mal assort .. — Il m. semblai.. douteu .. q. l'on remport .. la victoire. — Je ne suis pas cert .. q. v. essuy .. un refus. — 2° Je crain .. qu'un prom .. effet n'ai.. suiv .. la menace. — Craign .., Romains, craign .. q. le ciel quelq .. j .. ne transport .. chez v. les maux e. la misère, et mettan .. en nos mains, par un juste retour, les arm .. dont se ser .. sa veng .. sévère, il ne v. fasse, en sa colère, nos esclaves à votre tour. — M'étant aperçu de ce tendre intér.. q.

v. pren .. à moi , j'ai appréhend.. qu'il n'allât trop loin. — Je tremb .. qu'un disc .., hélas ! trop vérit .., un jour ne leur reproche une mère coup .. — J'ai peur q. cela ne v. fasse de la peine. — 3. V. voul .. qu'un roi meur .. — Que vouliez-vous qu'il fi .. contre trois ? Qu'il mour .., ou qu'un beau désesp .. au moins le secour .. — Je n'ent .. pas q. v. fass.. de dépense, ni q. v. env .. rien cherch .. pour moi. — V. brûl .. q. je ne soi .. partie. — Je désir .. q. v. part .. — Je préten .. q. dans Rome elle reste en otage ; je le veu .. — Je sui .. encore d'avi .. q. n. rend .. le temps moins lon .. par des réci .. — Aimez qu'on v. conseil .., e. non pas qu'on v. lou .. — Je suppose qu'on vien .. tou .. les j .. ; que direz-v.? — C'e. peu qu'en un ouvrage , où les fautes fourmill .., des trai .. d'espr .. semés de temps en temps pétill .. ; il fau .. q. chaque chose y soi .. mi .. en son lieu ; q. le débu .., la fin , répon .. au milieu ; q. d'un art délica .. les pièces assorti .., n'y fass.. qu'un seul tou .. de diver .. parti .. ; q. jam .. du suj .. le disc.. s'écartan .. n'aill .. cherch .. trop loin quelq .. mot éclatant. — Il e. nécess .. q. je sort .. — Il convient q. v. suiv .. mes cons .. — Il importe q. v. y soy .. — 4. Je m'étonn .. qu'il ne voi .. pas le dang .. où il e. — N. ét .. surpr .. qu'on n. laissât pass .. tranquill .. — Il e. singul .. q. pers .. ne connai .. un homme si riche. — 5. Je sui .. rav .. q. le hasar .. n. ai .. réun .. — Quoi ! fille de David , v. parl .. à ce traître ! v. souffr.. qu'il v. parl ..? — Je consen .. q. dans les temps presque inconn .., il ai .. conq .. la terre. — N. somm .. charm .. q. v. déploy .. enfin quelq. viguéur. — Ma sœur et .. bien fâch .. q. v. ne voul .. pas venir. — Il e. juste, grand roi, qu'un meurtr .. péri .. — M., il e. imposs .. q. v. voy .. à présent ma maîtr .. — Il répugn .. q.

3*

cela soi.. ainsi. — Pour en obt.. un secours gé-
néreux, j'ai cr.. qu'il suffisai.. q. l'on f.. malh..
— Je consen.. q. mes yeu.. soi.. touj.. abus..
— Il vau.. mieu.. qu'il ne vienne point. — 6.
E.-il juste qu'on meur.. au pied levé, dit-il? —
Croirai-je qu'Artaban, qui per.. tou.. en mon
père, ai.. port.. sur mon père une main meurtr..?
— N'e.-il pas bien natur.. q. tou.. les métamor-
phoses don.. la terre e. couv.., ai.. fai.. imagin.. dans l'Orient q. nos âmes passai.. d'un cor..
dans un autre? — Ne croi.. pas q. je vi.. après
cet hyménée. — Eh quoi! te semble-t-il q. la triste
Eriphile doi.. être de leur joie un témoin si tranq..?
— Le blé, pour se donn.., sans peine ouvran..
la terre, n'attendai.. pas qu'un bœuf, press..
par l'aiguillon, traçât à pas tardifs un pénib.. sil-
lon. — Pens..-v. qu'en form.. la répub.. des
abeil.., Dieu n'ai . pas voul.. instr.. les rois à
command.. avec douceur? — Trouv-v. q. n. acq..
assez d'influence? — Je ne pense pas q. v. acq..
jam.. d'aussi gran.. talen.. — E.-il vrai qu'un
roi fier e. terrib.. aux charm.. de vos yeu.. soi..
dev.. sensib.., q. l'hymen auj.. doi.. combl..
vos vœux? — 7. V. ne dev.. pas craind.. qu'à
prend.. aucun parti je veu.. v. contrain.. —
Quoi? craign..-v. déjà qu'ils ne soi.. écout..? —
Peu s'en fallut q. le sol.. ne rebrouss.. d'horr..
vers le manoir liquide. — N'attend.. pas, MM.,
q. j'ouv.. ici une scène tragique, q. je présente
ce gr.. homme étend.. sur ses trophées, q. je
découv.. ce cor.. pâle e. sangl.. aupr.. duq..
fume encore la foudre qui l'a frapp..; q. je f..
crier son sang comme cel.. d'Abel, e. q. j'ex-
pose à vos yeu.. les tristes imag.. de la relig..
e. de la vertu éplor.. — Réduit à voir sa tête
expier son offense, dout..-tu qu'il ne veu.. implor.. sa clémence? — Voul..-v. q. moi, chien,
qui n'ai rien à la chose, sans aucun intér.. je per..
le repos?

65. Si la princip. est au prés. ou au fut. , la sub. se met au prés. du subj. pour désigner un prés. ou un fut. , et au prét. du subj. pour désigner un passé ; mais si la princip. est à un temps passé ou à un cond. , mettez la sub. à l'imp. du subj. pour désigner une action prés. ou fut. relativement à la princip. , et au pl. q. parf. du subj. pour désigner une action passée. 1° *Dist. les princip. et les sub. de l'ex. précédent ; 2° rendez compte de l'emploi des temps et des modes ; 3° recommencez en substit. le passé ou le cond. au prés. ou au fut., et le prés. au passé, dans chaque prop. principale.*

66. Cependant la sub. prend le mode ind. , 1° lorsque la principale , quoique interrogative ou négative , n'a pour objet que d'affirmer ou de convaincre ; 2° lorsque *dire, prétendre, attendre, supposer* , n'expriment ni ordre ni incertitude ; 3° après *sembler* précédé d'un C. I.; 3° après les v. qui expr. la certitude ou même la vraisemblance, la probabilité.

Sav .-v. , monseign.. , q. si je ne sui.. pas maréchal de France , je sui.. du boi.. dont on en fai.. ? — Eh bien , M. , quand on en fer.. de bois , on song.. à v. — Mme , oubliez-v. q. Thésée e. mon père , e. qu'il e. votre époux ? — Il ne voyai.. pas qu'on se moq.. de lui. — J'enten.. q. la cruche se rempl.. — On préten. q. nos troup.. on.. remport.. une grande vict.. — Je suppose q. votre frère ne veu.. pas me tromp.. — On supposai.. sans doute q. je trav.. pour mon compte. — Il me semble qu'il n'y a pas de pl. gr.. jouiss.. q. celle de faire des heur.. — Sav..-v. pourq.. Jérémie a tant pleur.. pendant sa vie? C'e. qu'en prophète il prévoyai.. qu'un j. le Franc le traduir.. — Un gros serp.. mordi.. Aurèle: q. croy..-v. qu'il arriva ? Qu'Aurèle en mour.. ? bagatelle ; ce f.. le serp.. qui crev..

67. Lorsque la sub. est gouv. pár une conj. composée, elle est souvent placée avant la princip. — Ainsi, lorsqu'elle doit prendre le mode subj., il faut, pour déterminer le temps qu'on doit employer, faire attention au temps du v. de la princip. — Je ne dirai donc pas : *afin q. votre manuscrit soit correct, v. deviez le mettre au net ;* le v. de la princip. étant à l'imparf., dites : *afin q. v. man. fût*, etc.

Les conj. qui expr. le doute, la supposition, le but, et qui par cette raison gouv. le subj., se trouv. dans l'ex. suivant.

Afin qu'il (être) pl.. frai.. et de meill.. débi.., on lui lia les pieds, on vous le suspend...— Adraste et ses sold.. descendir.. *avant qu'on* (pouvoir) les reconn.. — *Au cas que, en cas que* ces dames part.., vous voudriez bien m'en avert.. *A moins qu'on* ne lui céd.. en tou.. chose, il n'ét., jamais conten.. — Les roi.. qui fir.. constr.. les pyramides n'osèr.. y faire dépos.. leurs corps, *de peur que* le peupl.. irrit.. ne les en arrach..—*Avant q.* tou.. les Grecs v. parl.. par ma voix, souffr.. q. j'os.. ici me flatt.. de leur choi..,e. qu'à vos yeu.., seign.., je montre quelq ..joie de voir le fils d'Achille e. le vainq.. de Troie. — Les puiss.. établ.. par le commerce sélèv.. peu à peu, *sans q.* pers.. s'en aperç.. — Il fai.. bon craind.., encore q. l'on (être) saint. — *Bien qu'*animal sans vertu, il fàisai.. trembl.. tou.. le monde.— *Malgré q.* j'en (avoir) (*), il fall.. le suiv.. (conj. usitée *seulement* avec *avoir*.) — *Pour que* la vérit.. f.. impression, elle doi.. touch.. — *Loin*

(*) L'analyse de cette expression est : *quelque mal gré,* c'est-a-dire *quelque mauvais gré que j'en* aie, eusse, etc.; en tout autre cas, *malgré que* n'est pas français.

que les **Romains** désesper.. du salut de la répub..
après la bataille de Cannes , ils refusèr.. de ra-
chet.. les prisonn.. — Boileau di.. , en parl..
du jeu de mots ou de la pointe , que la raison
lui laissa l'entrée en l'épigramme , *pourvu que* sa
finesse , éclatan.. à propos , roul.. sur la pensée,
et non pas sur les mo.. — *Quel que* (être) le
forfai.. , le repentir l'expi.. — *Quelque* haine *que*
f.. éclat.. votre pére , pour os.. le haïr , sa fille
m'e. trop chère. — San.. la langue , en un mo..
l'auteur de pl.. divin , e. touj.. , *quoi qu'il* (faire),
un méch.. écriv.. — Je sai.. q. je v. ai dépl..;
et *quoique* je ne (savoir) pas précisém.. pourq..,
je ne m'en croi.. pas moins coup.. — *Bien
qu'au* moin.. mal qu'il pu.. il ajust.. l'hist.. ,
le lou.. fu.. un so.. de le croire. — Je vien..
d'en essuy.. la pl.. sangl.. injure *sans qu'*elle
(avoir) excit .. le plus léger murmure.

68. Relisez la règle n° 22.

Q. de remparts détrui.. ! q. de villes
forc.. ! quelles moissons de gloire en couran..
amass..! — Les temps son.. écoul.. — Tou.. la
terre fu.. inond.. — La foudre a grond.., les
éclairs on.. brill.., la terre a trembl.. — La
reine n. a parl.. — Son ombre sanglante n. av..
appar.. — Jamais cette maison ne n. a ap-
parten..

69. Le part. passé joint au v. *avoir* ne s'accorde jamais qu'avec le **C. D.** . lorsque ce **C. D.**
est placé devant le participe. Si le **C. D.** est placé
après le part. , ou s'il n'y a pas de **C. D.**, il n'y a
pas d'accord. — On appelle verbes actifs ceux qui
ont un **C. D.**, et verbes neutres ceux qui n'ont
point de **C. D.**, ou qui n'ont que des **C. I.**

Baptiste , qu'av..-v. fai.. de ma lettre? **V.**

l'av.. perd.. ou jet.. au feu? Non, **M**. ; je l'ai
emport.. ce matin , e. je l'ai mi.. à la poste. —
Vos reproch.. n. ont afflig.. — Je n'ai plus rien
du san.. qui m'a donn.. la vie. — Tou.. les dignit.. q. tu m'a.. demand.. , je te les ai sans
peine e. sur l'heure accord.. — Je n'ai trouv..
q. pleurs mêl.. d'emportements. — Ces citoyens,
ces murs , qu'a sauv.. ton courage. — Tu n.
a.. rav.. nos enfan.. — Elle aur.. comm.. un
crime.

70. Le part. pass. qui ne peut se conjug. avec
être est inv. , excepté le part. du v. *avoir* , qui a
un **C. D**.

L'affectation m'a touj.. dépl.. — Je ne v. *nuis*
point , **MM**. , e. je ne v. ai jam.. ... — Les
brouill.. on.. ... aux frui.. — N. av.. gém..
de vos erreurs. — Combien nos fron.. pour elle
av.. roug.. de fois ! — Que d'ouvrag.. nouv..
ont par.. depuis peu ! — Combien de héros glo-
rieux, magnanim.. ont véc.. trop d'un jour ! —
L'armée a march.. jour et nuit. — Sa franchise
m'a pl.. — Les alimen.. les moins recherch..
m'ont touj.. suff.. — La ruse aur.. réuss.. —
Je ne *ris* plus ; mais j'ai bien... — La princesse a
sour.. — Le sol.. *luit* aujourd..; il n'a pas...
hier. — J'ai *eu* auj.. les mêm.. doul.. q. j'ai...
hier. — Quelle amit.. j'aur.. ... pour lui ! — **Q**.
de soucis j'ai... dans ma vie !

71. Le part. passé précédé de *en* est inv. ,
quand on peut ajouter plusieurs, une quantité,
un seul , ou quand un nom inv. de quantité,
outre *en*, précède aussi le participe. — Mais si
en n'est point partitif, le part. peut être précédé
d'un **C. D** , avec lequel il s'accorde.

Voici des frui.. ; j'en ai apport.. , je n'en ai

pas mang.. — Il y a des écrevisses sous ces
pierr.. ; n. en aur.. rapport.., n. v. en aur..
donn . si n. en av.. pri.. — Il fallait de la douceur ; mais v. en av. trop montr.. — Tu as fai..
beauc.. de promess.. ; tu en as peu rempl.. —
V. av.. trouv.. des péch.. ; comb.. en av..-v.
cueill.. ? — Où sont mes livr..? En av..-v.
perd.. ? V. en av.. prêt..? Comb.. en av..-v.
donn..? — Vos amis allai.. faire une folie : je
les en ai détourn.. — Il s'e.. comm.. de gran..
crimes, MM. ; Je ne v. en ai pas soupçonn.. —
N. étions assiég.. d'importuns ; n. en av.. dé-
liv.. la maison.

72. **Si le C. D. est** *le peu de* **suiv. d'un nom,
le part. ne s'accorde avec le nom que quand on
peut retrancher le** *peu de* **sans donner à la phrase
un sens opposé.**

Le peu d'amis q. j'ai rassembl.. n'av.. ni armes ni provisions. — J'attrib.. votre disgrâce au
peu de prudence q. v. av.. montr.. — Le peu
de certitude q. j'ai trouv.. dans vos promess.. ,
le peu de délicatesse q. j'ai remarq.. dans votre
conduite, m'ont engag.. à cherch.. un autre ap-
pui. — Je veu.. partag.. avec v. le peu de biens
q. j'ai amass.. — N. av.. perd.. le peu de se-
mence q. n. av.. recueill.. — Q. de choses
renferm.. dans le peu de parol.. qu'il a prononc..! — Le peu d'amit.. qu'il m'a témoig..
m'a éloig.. de lui.

73. *Coûter*, *être donné pour*, et *valoir*, *avoir
de la valeur*, **ont leur part. inv.** — **Mais** *coûter*
mis pour *causer*, *occasionner*, **et** *valoir* **pour**
procurer, **ont un C. D. avec lequel le part.
s'accorde quand il en est précédé.**

Les 300 fr. q. tes livr.. t'on.. coût..on.,

été bien employ.. — Vos livr.. ne v. on..pas coût. 300 fr., ils ne les on.. jam.. val.. — Je ne pui.. me rappel.. quel.. somme ils m'ont coût..; mais les avantages qu'ils m'on.. val.. sont incalculab.. — Tel volume v. aur.. par.. ne pas valoir les 6 fr. qu'il m'a coût.., qui m'a val.. bien des connaissances nouvell.., et m'a épargn.. les peines q. m'aurai.. coût.. de long.. recherch.. — Q. de recherch.. inutil.. m'a coût.. cette affaire ! — Ne v. montr.. pas indigne de la réputation q. v. a val.. une belle action. — Ce cheval vau.. encore les 600 fr. qu'il a val..

74. Dans le VERBE RÉFLÉCHI, qui exprime l'action d'un suj. sur lui--même, et dans le VERBE RÉCIPROQUE, qui exprime l'action mutuelle de plusieurs suj., le v. *être* est mis pour le v. *avoir*; ainsi le part. de ces v. ne s'accorde qu'avec le C. D. quand il en est précédé.

Les ennem., ne se son.. pas oppos.. au débarquement. — Ma fille s'e.. procur.. des connaiss.. util.. — Les amis q. tu t'e.. fai.. se serai.. sacrif.. pour toi, si tu t'étai.. trouv.. en péril. — N. n. somm.. fai.. des promess.., n. n. somm.. jur.. une étern.. amitié. — Q. d. mau.. cette femme s'e. attir..! — Le peu d. livr.. q. n. n. somm.. procur.. étai.. mauv.. — N. n'avions point de souliers ; n. n. en somm.. fai.. avec des écorces d'arbr..

75. Ainsi les v. réfl. ou récip. qui n'ont point de C. D. ont leur part. inv.

Les événem.. se son.. succéd.. rapidement. — Ces plantes ne se son.. jam.. pl.. sous un climat humide. — Elle s'e.., en quelque sorte, survéc.. à elle-même. — Croyez-v. q. jamais les ambitieux ne soi.. suff.. à eux-mém..? M^e, v. v. *nuisez*; v. v. êt.. déjà... par excès de

précaution. — Elles se son.. ri de vos menaces.
— Ils se sont dépl..

76. Le VERBE PRONOMINAL a la forme d'un v.
réfl., quoiqu'il exprime une action q. le suj.
ne peut faire sur lui-même. Le VERBE ESSENTIEL-
LEMENT RÉFLÉCHI est celui qui ne peut se conj.
que comme réfl. — D'autres changent de signif.
en devenant réfl., comme *se douter*, *se passer*,
se prévaloir. — Dans ces trois sortes de v., le
part. passé s'accorde touj. avec le suj. En effet,
la provision s'est consommée, sign. *a été consommée* ; *elle s'est efforcée*, sign. elle s'est MISE en
effort — Excepté *s'arroger*, qui a pour C. D.
le nom de la chose (*).

Cependant la nouv.. s'ét.. repaird.. — Voilà
comme la chose s'e... fai... — De gran.. chang.
gem.. se serai.. opér.. — Ces beaux secrets se
son.. perd.. — Les espérances se serai.. éloign..
— Je doute q. l'affaire se soi.. concl.. — Ta
fortune s'e.. dissip.. — N. n. somm.. efforc..
de v. être util.. — Les ennem.. se serai..
empar.. des meill.. positions. — Ma fille ,
t'e...-tn repent.. de ta faute ? t'en e...-tu souv..?
— Ils se son.. peu souc.. de notre approbat..
— Ne se sont-elles pas empress.. de v. aid..?
— Pourq.. se serai...-elle fi.. à v..? — N.
n. somm.. méfi.. avec raison de vos moyens.
— Si cette femme s'étai.. dout.. de vos sentim.., elle s'en serai.. préval.. — N. n. somm..
absten.. de vin. — Pourq.. n. serions-n. pass..
de frui..? — Elle s'e.. moq.. de v. ; n. n.
y étions attend.. — Les droi.. q. tu t'e.. arrog..
te seront contest.. — MM., v. v. ét.. arrog..
une autorit.. q. v. ne pouv.. exerc.. — Ils
seront priv.. des privilèges qu'ils se sont arrog..

______

(*) Voyez le développement à la fin de l'ouvrage.

77. *Plus* , *moins*, *autant de* suivis de *en*, veulent le part. inv. — *Plus de fraises q. tu ne m'en as donné*, c'est-à-dire QUE CE QUE *tu m'en as donné :* C. D. ce que, m. s.

N. av.. plus d'amis q. v. n'en av.. trouv.. — Voici autan.. de livr.. q. n. en av.. demand.. — V. n. donn.. bien moins de bière q. v. n. en av.. promi.. — N. n. somm.. fai.. plus de mau.. q. v. n'en av.. éprouv.. — Je te donne plus d'affaires q. tu ne t'en serai.. procur..

78. Un v. est IMPERSONNEL, quand le pr. IL ne peut être remplacé par aucun nom, et qu'il signifie CECI, CELA, UNE CHOSE. — Le v. imp. reste touj. à la 3ᵉ pers. du sing., et il a son part. inv. — *Il faut*, touj. imp., signifie *il manque*, *il est nécessaire. Il y a*, imp., sign.. *il est.*

Il arriverai.. plus de changem.. qu'il n'en e. arriv.., il se serai.. opér.. de plus gran.. résult.., si ce prince étai.. mor.. — Il s'e. répand.., e. il se répan.. encore sur votre compte, des brui.. qu'il serai.. bon de faire cess.. — Il n. aur.. par.. inutile de n. mettr.. en route, s'il ne s'étai.. présent.. des occasions favorab..; il y aurai.. des raisons pour e. contre. — Tu cherchais plus de livr.. qu'il n'y en av.. jam.. eu chez moi. — Qubiqu'il se soi.. élev.. des difficult.., il n'e. pas impossible de les surmont..

79. Le pr. *le, la, les*, s'accorde en genre et en nombre avec le subst. auquel il se rapporte.

Tou.. les dignit.. q. tu m'a demand.., je te l.. ai sans peine et sur l'heure accord.. — E.- tu Adèle? Oui, je l.. sui.. — On a entend..

les accus.., et on... a renvoy.. absou.. — Voici ma sœur ; v. l.. connaiss.. ; v. l'av.. long-temps fréquent..

80. *Le* est inv. quand il se rapp. à un adj., à un part., à un inf., à une phrase, à un nom commun sans article. — Mais si ce pr. se rapp. à un adj. précédé d'un art., il en prend le genre et le nombre.

Mlles, êtes--vous sœurs ? Non, n. ne l. somm.. pas. Elle n'e. pas *mariée*, e. elle ne le sera jam.. — Etes-v. la... ? Oui, je l.. sui.. — MM., êt..-v... ? Non, n. ne l.. somm.. pas. — J'étais la maîtresse, e. je ne l.. sui.. plus. — Il fau.. secour.. son prochain quand on l.. peu.. — N. allons partir ; v. le.. say..

81. Le part. passé est inv., quand il a pour C. D. un *le* inv. — *Le* est inv.. lorsque la phrase mise au pl. ne change pas *le* en *les*.

Cet homme n'e. pas aussi savan.. q. je l.. aurai.. pens.. — Cette maison e. peu de chose ; je l.. av.. cr.. plus considérable. — La chose e. plus importan.. q. v. ne l.. av.. suppos.. — J'ai v. votre sœur : je l.. ai trouv.. dispos.. à partir. — L'ennemi n'e. pas aussi éloign.. q. v. n. l.. av.. di.. — Q. di.. cette dame ? Je l.. av.. suppos.. plus raisonnable. *Changez le sing. en pl.*

82. Il ne faut pas regarder comme C. D. l'adj. ou le nom commun sans article qui quelquefois précède le v. — L'adj. ne peut, par lui-même, être ni suj. ni comp.

Quelq.. pauv.. q. n. ayons véc.. n. av.. été plus heur.. q. les rois. — Spirituelle comme v. l'av.. paru, madame, comment pouv..-v., etc. —

Quelq. bell.. q. ces campagn.. m'ai.. sembl.. ;
je préfère ma patrie. — Tou.. obscure q. v. av..
trouv.. ma naissance , je me croi.. votre égal.

85. un v. peut être précédé d'un **C. D.** , et
gouverner un inf. , un part. , un adj. , ou un *que*.
— Dans tous ces cas , chaque part. suit la règle
qui lui est propre. 1° impersonnel , il est inv. ;
2° simplement joint au v. être ; 3° pronominal ; 4°
essentiellement réfl. , il ne s'accorde qu'avec son
suj. ; 5° actif, il ne s'acc. qu'avec son **C. D.** ,
s'il en est précédé—6°. On reconnait que le **C. D.**
appartient au 1er v. , quand on peut mettre ce **C.
D.** entre les deux v ; et alors le part. du 1er v.
s'acc. avec ce **C. D.** — 7° mais si l'on ne peut
mettre aucun **C. D.** entre les 2 v. , 8° ou si l'on
n'y peut placer que le subst. *quelqu'un*, le part.
du 1er v. reste inv. , et le **C. D.** appartient au
2e v. — 9° suivez les mêmes règles , si le v. est
suivi d'un adj. ou d'un part. — 10° si les v.
sont précédés de deux **C. D.** , il y en a un pour
chaque v. ; il faut donc faire acc. le part. , ou
chaque part. s'il y en a deux , avec le **C. D.**
qui lui appartient. — 11° le part. *fait* devant un
inf. est touj. inv.

1°. J'ai les livres *qu'il* v. a *plu* de me laisser.
— Voilà les moyens *qu'il* aurait *fallu* employer.
— v. affectez une sévérité qu'il nous aurait *paru*
inutile de déployer. — 2°. Tels sont les moyens
que nous sommes *disposés* à employer. — Voilà
les épreuves qu'elle est *préparée* à subir. — Elle
cherche une bague qu'elle est bien *fâchée* qu'on
lui ait volée. — 3°. aucun *v. pron. ne peut être
précédé d'un C. D. se rapportant à l'inf. suivant.* — 4°. êtes-vous content des nouvelles que
n. n. sommes *empressés* de v. donner ?. — Voilà
les raisons q. ma sœur s'était *efforcée* de v. faire
comprendre. — 5° et 6°. Je ramasse les fruits q.

j'ai *vus* tomber. — quels sont ces insolents ? je les ai *entendus* v. injurier. — 7°. Quelles récompenses v. auriez *pu* mériter ! — J'ai négligé les précautions q. j'aurais *du* prendre. — 8°. où sont ces d^{lles} q. j'ai *entendu* appeler ? — Vous n. avez *laissé* insulter. — 9°. je v. donne des règles q. j'ai *crues* infaillibles. — Voilà des livres q. j'ai *jugés bons* à être jetés au feu. — Il y a bien des choses q. j'ai *jugé inutile* d'aprofondir. — Telles sont les observations q n. avons *cru indispensable* de v. présenter. — 10°. Voici les papiers q. v. aviez *cru* m'avoir *donnés*. — Elle n'a jamais *joui* des honneurs qu'elle s'était *flattée* d'avoir *obtenus*. — peuvent-elles prouver les torts qu'elles ont *prétendu* qu'on leur avait *faits ?* — 1°. *plu* , *fallu* , *paru* , impers. et inv. — 2°. *disposée* , *préparée* , *fâchée* , part. simplement joints au v. être. — 4°. *empressés* , *efforcée* , v. essentiellement réfléchis. — 5° et 6°. J'ai *vu* les fruits tomber. J'ai *entendu* les insolents v. injurier. — 7°. J'ai *pu* quoi ? mériter , *du* quoi ? prendre. On ne peut dire : j'ai pu les *recompenses* mériter , j'aurais du les *précautions* prendre. — 8°. J'ai entendu *quelqu'un* appeler ces d^{lles}.— v. avez laissé *quelqu'un* n. insulter. — 9°. J'ai *cru* les règles *infaillibles*. — j'ai *jugé* les fruits *bons* a être jetés. — On ne peut dire, j'ai *cru* les choses *inutile* d'aprofondir, ni ; j'ai *cru* les observ. *indisp*. de v. présenter. — 10°. v. aviez *cru* avoir *donné* les papiers. — Elle avait *flatté* soi , d'avoir *obt.* les honneurs. — *prétendu quoi ?* qu'on leur avait *fait*. — *fait* quoi ? des torts. — (les phrases où un v. se trouve entre deux *que* ne sont pas élégantes ; mais quand on emploie cette construction, il faut se souvenir 1°. que le 1er *que* est pr. rel. , **C. D.** du 2e v. ; 2°. que le 2e *que* est conj. ; 5°. que le part. du 1er v. suit la règle qui lui est propre.)

84. Quand le 1er part. prend l'accord, l'adj. ou le part. suivant ls prend aussi. Tout part. devant lequel on peut sous-entendre *étant*, *qui est*, *qui sont*, s'accorde avec son subst.

Les affaires q. n. av. eu.. à termin.. ici, n. on.. empêch.. de partir. — Ces beaux rosiers q. j'ai cr.. q. ma sœur av.. plant.., elle les a laiss.. séch.. — Je l'ai v.. mour.. à la fl.. de l'âge, cette épouse chéri.. ; les secours de l'ar.. se son.. trouv.. insuff.. — N. n'av.. pas ajout.. foi aux nouv.. q. n. av.. entend.. racont.. ; n. les av. suppos.. invent.. par quelque personne intéress.. à les accrédit.. — Cette princesse n'a pas obt.. les honn.. qu'elle s'étai.. flatt.. qu'on lui accorderai.. — Quan.. v. occuperez-v. de ces entreprises, q. v. av.. jug si facil.. à exécut.. ? — Où sont mes papiers ? tu les as laiss.. emport.. — Les enfan.. on.. trav.. toute la matinée ; je les ai laiss.. jou.. l'après-midi. — Ces demoiselles se son.. plain.. qu'on les a contrar.. ; point du tout : on les a laiss.. rire e. pleur.. tant qu'ell.. on.. voul.. — Les domestiq.. m'av.. par.. si occup.., q. je ne les ai pas laiss.. interrompre leur trav.. — Si tu n. av. entend.. chant.., tu n'aur.. pas tard.. à n. joind.. — Les arbr.. q. v. av.. laiss.. abattre, n. aur.. donn.. un magnifique couver.. — Les habillem.. q. tu as fai.. faire pour ta fille, quelq.. rich. q. n. les ayons trouv.., ne n. on.. pas par.. coût.. beauc.. trop cher. — Les trav.. que nos maîtr.. on.. cr.. nécess.. de n. impos.., étai.. beauc. trop rudes. — Mesdames, j'ai pri.. tou.. les informations q. je v. av.. avert.. q. je prendr.. — Les frui.. q. j'ai v.. cueill.. n'étai.. pas mûrs. — Les femm.. q. j'ai v.. cueill.. des fraises, les on.. vend.. cher. — Les enfan.. qu'on n. a charg.. d'instr.. ont fai.. des progr.. ; v. les av.. fai écr.., e. v. les av.. entend.. lire.

85. L'inf. qui doit suivre le part. est quelquefois sous--entendu : dans ce cas, on suit la même règle que s'il était exprimé.

, Il a montr.. tou.. la fermet.. qu'il a fall.. — Elles ont fai.. tou.. les folies qu'elles ont voul.. — Chacun a fai.. les effor.. qu'il a pu. — V. n'av.. pas déploy.. l'énergie q. v. aur.. du.

86. Le nom qui suit *de* après un nom de quantité, reste au s. quand il exprime des choses qui ne se comptent point, ou une partie d'une chose : il se met au pl. quand il exprime des choses qui se comptent. — Si le nom qui suit *de* exprime seulement la qualité, l'espèce, la matière, il reste au s. — Mais s'il réveille nécessairement l'idée du pl., mettez-le au pl.

On mange beauc.. de légum.. e. peu de viand.. dans ce pays. — Peu de gen.., q. le ciel chéri.. e. gratifi.. — Une foule de caross.. n. av.. empêch.. de pass.. — Q. de rempar.. détrui..! q. de vill.. forcé..! — Elle a tant vers.. de pleurs, tant pouss.. de soupir.. — V. av.. trop d'ennem.. — Jamais elle n'av.. montr.. tant de courag.. — On ne dor.. point, dit-il, quand on a tan.. d'espri.. — N. av.. plus de paress.. dans l'espr.. q. dans le cor.. — N. vîmes s'élev.., un nuage de pouss.. — Comb. de ban.. de sabl.. se son.. form..! — Un ta.. de pierr.., un monceau de sabl.. — Il n'y a pas ass.. de sucr.. dans cette confiture. — J'ai achet.. 5 mains de pap.., 4 paq.. de plum.., 3 bouteill. d'encr.. — N. eûm.. une friture de perch.. e. de gouj.. — La ville e. rempl.. de sold.. — N. av.. achet.. des peaux de chèvr.., de mout.., de cast.. — L'huile d'oliv.. q. n. av.. achet.. e. excell..

— Ces demois.. ont fai.. de la gelée de gro-
seill... de la marmelade d'abrico.. — Je dors
mal sur les li.. de plum.. — N. n. ét.. àdres..
à une marchan.. d'herb.. — J'ai donn.. une
poign.. d'herb.. à ton peti.. agn.. — Il vien..
une quantit.. de maîtr.. dans les pensions de
demoisell.. — Un homme de lettr.. — Les gen..
de rob.., les gen.. d'ép..

87. Le nom partitif suj., **C. D.** ou **C.** d'une
prép., prend l'art. composé *du, de la, des* :
mais précédé d'un adj., il prend seulement la
prép. *de* pour les deux genres et les deux nombres. — Le partitif **C. I.** de la prép. *de*, précédé ou non d'un adj., ne prend que la prép.
de.

Dieu ne créa q. pour les so.., les méchan..
discur.. d. bons mo.. Le pays d. Corinthiens e.
resserr.. entre d. born.. for.. étroi.. — D.
rempar.. très-for.. e. très-élev.. protég.. la ville.
— On n. a attir.. sous d. frivol.. prétext.. —
A d. moindr.. fureurs je n'ai pas dû m'attend..
— Qu'il (le style) soit plein d. douceur quan..
d. peti.. ruiss. train.. languissamm.. leurs gémissan.. eaux. — D. fontaines coulan.. avec un
dou.. murmure sur d. prés semés d. amarant..
e d. violett.., formai.. en diver.. lieux d. bains
aussi purs e. aussi clairs q. le cristal. D'autr.. par
d. lon.. détours revenai.. sur leurs pa..

88. Sont inv., 1° les noms propres ; 2° les
noms tirés de langues étrangères ; 3° les adv., les
prép., les conj. prises substantivement ; 4° les
mots pris matériellement. — Les noms propres
pris comme noms communs, de façon qu'on puisse
ajouter *des hommes tels que*, prennent le pl.

Il e. beau de voir le gran.. *Corneille* faire

vers.. des larm.. au gran.. Condé. — L'aîné
des... — Les... son... rares. — Av...-v. lu.
Racine ? J'ai lu les deux... — Tou.. les siècl..
ne voi.. pas naître des... — *Sénèque* le philosophe fu.. le précept.. de Néron. — Il y a eu
deux...:... le philosophe e. ... le tragique. —
Ces... de 18 ans me déplais.. — A quoi on..
serv.. vos si, vos quoi, vos comment ? — Il a
récit.. un *pater* un *credo* un *ave maria*. Comb.
de ... . av.-v. récit.. ? — *Monsieur*, q.
voul..-v. ? — J'ai comp. 12... dans votre lettre d'une page. — Voul..-v. jou.. un *duo*, un
trio, un *quatuor* ? — Voici les..., ..., ... q.
j'ai donn.. à cop..

89. Les noms composés renferment le nom
même de la chose, qui prend la marque du pl.,
et la partie déterminative. — Quand cette dernière est un adj., ou un nom pris adjectivement,
elle s'accorde avec le nom en genre et en nombre. —
Quand la partie déterminative est un C. I. ou
un adv., le nom qui y entre est invariablement au
s. ou au pl., selon que le sens l'exige.

Voilà l'avant-coureur. — J'ét.. dans l'arrière-
boutique. — J'ai trouv.. un chat-huant, une
chauve-souris, un oiseau-mouche. — Tu per..
tou.. l'après-dinée. — Le ver-à-soie vi.. peu
de temps. — N. av.. le chou-fleur, le chou-ar-
bre, le chou-navet. — Je voi.. un arc-en-ciel.
— Il e. sous-lieutenan.. — Ce garde national e.
sans arm.. — Donn..-moi mon bonnet-de-nuit
e. ma robe-de-chambre. — Voilà la pomme-de-
terre q. j'ai arrach.. — Monsieur, êtes-v. maître és-arts, bachelier ès-lettr.., docteur ès-scien-
ces ? — Je conn.. cet homme de lettr.. — Je
n'ai pas trouv.. votre homme d'affair.. — C'est
un chef-d'œuvr.. — Nommez-moi le chef-lieu.

4

90. Dans certains noms composés , le nom même de la chose est sous-entendu ; alors toutes les parties restent inv. au nombre que le sens exige. *Tête-à-tête* , sign. ENTRETIEN tête-à-tête.

V. av.. interromp.. notre tête-à-tête. — Le beau coq-à-l'âne q. tu a.. fai..! — J'ai perd.. mon porte-aiguilles. — Chass..-moi ce va-nu-pieds. — Voilà le rendez-vous manqué. — C'est un on--dit, un peut-être. — V. êtes un peti.. pince-sans-rire. — Il a donn.. au cha.. le sot-l'y-laisse de la poularde. — C'est ici mon pied-à-terre. — Appelle ce gagne-petit. — Tu e. un vrai gobe-mouches.

Changez , dans ces deux exercices , le sing. en pl. , et indiquez , dans le dernier , les noms sous-entendus.

90. Récapitulation.

On doi.. se consol.. de ses faut.., quand on a la force de l. avou.. — Quiconque atten.. le superflu pour secourir les malh.., ne *l.* donnera jamais rien. — La reine ! vraim.. oui, je *l.* suis en effet. — Et.. -v. enrhum.., Mme ? Oui, je *l.* suis. — La nobl.. donn.. aux pères, parce qu'ils ét.. vertu.., a ét.. donn.. aux enf.. afin qu'ils *l.* dev.. — V. m'aim.., je *l.* sai.. ; une égale tendr.. pour v. dep.. long-temps m'afflige e. m'intéress.. — Moi, v. haïr ! *l.* puis-je ? — Ces d^lles sont-elles sœurs ? Oui, elles *l.* sont. — Et.. -v. la mariée ? Oui, je *l.* suis.

Je veu.. être mère, parce q. je... sui.., e. ce serait en vain q. je ne... voudr.. pas être. — On dit q. l'abbé Plachette prêche les sermons d'autrui ; moi qui sai.. qu'il... achèt.., je soutien.. qu'ils son.. à lui. — L'avarice per.. tou.. en voul.. tou.. gagn.. Je ne veu.. pour...

témoign.., que celui don.. la poule, a ce que
di.. la fable, pondai.. tou.. les jours un œuf
d'or. Il... tua, l'ouvr.., et... trouv.. sem-
blabl.. à cel.. don.. les œufs ne lui rapportai..
rien. — Va, je ne te hai.. poin.. Tu,... doi..
Je ne pui.. — Les Romain.. se destinan.. à ...
guerre et... regardan.. comme le seul ar.., av..
mi.. tou.. leur espr.. et tou.. leurs pensées
à ... perfectionn.. — Et..-v. les march.. qu'on
a fait venir de Flandre? Oui, nous... somm..
— quoiqu'à peine à mes mau.. je puisse résist..,
j'aime mieu..... souffr.. que de... mérit.. —
MM., pourq.. êt..-v. tou.. rois? Pour moi, je
vous avou.. que ni moi, ni Martin, n. ne...
somm.. — La 1re est plus noble q. la 2e, la 2^e
q. la 3e Plus noble! quel abu.. des term..!
veut-on signif.. plus notab..? E. pourq.. ne...
pas dire? — Il y a une ligne de démarcation trac..
entre le riche et le pauv..; les lien.. du san..
l'estime, l'amit.., ne peu..... faire disparaît..
— Que deviendr.. votre âme en ce momen.. su-
prême? Humains, faibl.. humain.., v. ne...
sav.. pas. — Vous qui, peu favoris.. de la fortune, frapp.. à la porte du riche, e. lui demand..
des secours, même en v. proposan.. de... bien
pay.., que v..... achet.. cher! Quoiqu'il augment
ment.. son trésor de vos trist.. dépouill.., il paraî.. v. abandonn.. ce qu'il v. conf.., et il a
l'ar. de v. ... persuad.. — Etes-v. Rosalie? Oui,
je... sui.. — Voy.. si v. rompr.. ces dar.. liés
ensemb..; je v. expliquerai le nœud qui... as-
semb.. Laîné... ayan.. pri.. et fai.. tou.. ses
effor..... rendi.. en disan..: je... donn.. aux
plus for.. — Nos malh.. son.. plus gran.. que
v. ne... suppos.. — Je sui.. maître de moi
comme de l'univer..; je... sui.., je veu.. l'ê-
tre. — N. ne somm.. pas rois, et n. ne voul..
pas... deven.. — Elle.. ne son.. pas aussi instrui.. qu'elles... paraiss..

Elle s'est moq.. de vous ; je *l*'ai bien vu, et je *le* vois encore. — MM., je ne puis v. serv.. comme je *l*'aur.. désir.. — Cette nation n'e. pas aussi puiss.. que je *l*'ai cru, que je *le* croyais! — L'étude des lang.. e. plus amus.. que je ne *l*'aur.. pens., que je ne *le* pensai.. — Ces aff.. sont-elles aussi lucrativ.. qu'elles vous *l*'ont paru? — Ils n'ét.. pas savan.., ils *le* sont devenus.

Cette dame e.-elle toujours aussi belle q. n. *l*'av.. trouv.. — J'ai connu cette femme ; je *l*'ai suppos.. je *la* supposais pl. raisonnable. — Je n'achetai pas cette maison, quelq.. bel.. q. je *l*'eusse trouv.. q. je *la* trouvasse.

J'ai admir.. ces superb.. monum.. ; je... ai jug.. dign.. de l'architecte qui... a élev.. —Cett. somme est perd.., cependant je... av.. cru.e bien plac.. — Louis VII répud.. Eléonore de Guyenne, ... ayan.. soupçonn.. infidèle. — Les choses n'on.. pas réuss.. comme n. .... av.. espér.. — Buffon semble av.. vu la terre sous ses pieds, et.. avoir trouv.. trop petite pour l'étend.. de son génie. — Cette armée ne par.. pas d'abord aussi nombreuse, aussi formidab.. qu'on... av.. annonc.. — Triomph.., homm.. lâches et ruels, votre victoire est plus grande q. v. ne... av.. cr.. — Mes deux chien.., en jouan.., se son.. précipit.. du hau.. d'un roch.. ; je... ai cr.. bris.., écras.., je... ai trouv.. légèrem... bless.. ; ils se son.. fai.. beaucoup moins de mal q. je ne... av.. cr.. — Cette femme est plus riche q. je ... ay.. pens.. — Les lang.. anc.. son... moins diffi... à étud.. q. je ne me... ét.. figur.. — Ces liv.., quelq.. bons q. je... ai trouv.., ne contienn.. pas ce q. je cherche. — La perte e. pl. considér.. q. je me... av.. suppos..

Elle s'e. empress.. de n. serv.. — Elle s'e.

efforc.. de n. content.. — Elle se ser.. pass..
de tout pour n. — N. n. somm.. souv.. de
notre promesse. — Mlles, v. v. ét.. dout.. de
notre arriv.. — Jam.. ils ne se son.. préval..
de la super.. de leurs talents. — Mes amis ne
s'ét.. pas attend.. à un tel changement. — Ces
dames ne se ser.. pas souc.. de n. parl.. — Si
tant de mères se sont tu.. — Elles ne se sont pas
fai.. à cette nourrit.. — N. n. ser.. absten.. de
liq.. — ils se son.. enf.. comme des lâches. —
V. v. ét.. arrog.. des droi.. chimériq.. — On
te conteste la supér.. q. tu t'e.. arrog.. — Elle
s'ét.. arrog.. le droi.. de n. tourment..

N. n. somm.. dépl.. dans ce lieu. — Insect..
invisibles, q. la main de Dieu s'e. pl. à faire
naître dans l'abîme de l'infiniment petit. — Ces
pers.. se son... dépl.. dès qu'el.. se son... v..
— Ils se son... (rire) de mes menaces. — N, n.
sommes r.. de vos vains proj.. — Ils se sont
compl.. dans leur sottise. — Elle se serai..
compl.. dans son ouvrage. — Les infort.. se
son.. succéd.. — Que d'aventur.. bizar.. se
son.. succéd..!

Partout les rayons perçan.. de la vérit.. von..
veng.. la vérit.. qu'ils ont néglig.. de suiv..
— N. lui av.. off.. des secours qu'il a refus..
d'accept.. — Voilà des liv.. q. j'aur.. désir..
achet.. — Les aff.. q. v. av.. voul.. entrepr..
n'on.. pas réuss.. — Voilà donc tou.. les eff..
q. v. av.. p. faire? — On a rapport.. à ma
sœur des bag.. qu'elle ét.. bien fâch.. d'av..
perd.. — Les reproch.. q. tu as suppos.. q.
n. t'av.. fai.. ne s'adress.. pas à toi. — N.
n. somm.. replong.. dans les maux q. n. n. ét..
efforc.. d'évit.. — Voici des détails q. j'ai pens..
q. v. ne trouv.. pas aill.. — N. quitt.. cette
demeure q. n. n. ét.. pl.. à embell.. — Les

fau.. qu'elle n'av.. pas prév.. qu'on aperc..,
on.. ét.. remarq.. — Voici les pers.. q. v. av..
avert.. de venir. — J'ai emport.. ces anim..,
q. vos camarad.. n'aur.. pas manq.. de tourm..
— Pourq.., ma fille, amèn..-tu des pers.. q.
je t'av.. avert.. q. je ne recev.. pas ? — Les
sold.. q. j'ai ent.. parl.. sont près d'ici. — Ta
sœur, e. ici ; je l'ai ent.. rire. — Ils sont part..;
je les ai v.. pass.. — J'ai écras.. une mouche
q. j'ai sent.. me piq.. — Oui, Mme; les lettr..
q. je v. ai v. écr.. son.. rempl.. de faut.. q.
v. aur.. p.. corrig.. si v. l'av.. voul.. —
Les pauvr.. enf..! on les aur.. laiss.. mour..,
de faim, s'ils n'av.. reç.. les sec.. q. n. n.
somm.. empr.. de leur port.. — Les a-t-on v..
souv.. se cherch.., se parl.. ? — Vos sœurs
se son.. cach.. ici ; je les ai entend.. march..
— Les enf.. on.. beauc.. étud.. hier ; je les ai
laiss.. jou.. aujourd.. — Ils ne n. ont pas v..
l'un e. l'autre élev.. — La pers. q. j'ai ent..
blâm.. s'e. mal comport.. — Les disc.. q. j'ai
ent.. prononc.. sur les avantag.. de l'adversit..
m'ont paru, etc. — Ils ét.. puni.. pour les maux
qu'ils av.. laiss.. faire par leur autorit.. — Cette
fille s'e. laiss.. tromp.. — Elle s'e. sent.. saisir
le bras. — Où sont les bouteil.. q. j'ai v.. apport..? Cette dame parai.. s'ét.. laiss.. persuad.. — On puni.. sévèrem.. tou.. ceux qui
s'ét.. laiss.. entraîn.. dans la révolte. — La besogne q. tu n. as donn.. à termin.. ne n. aur..
pas effr.. — Les liv.. q. j'ai eu.. à lire ét..
instruct.. — Ne v. écart.. point, Mlles, de la
méthode q. n. v. av.. donn.. à suiv.. — Je ne
conç.. rien aux phrases q. mon maître m'a laiss..
à corrig.. — L'ois.. a jet.. la graine q. n. lui
av.. donn.. à mang.. — voilà les ennem.. q.
cette femme a eu.. à combat.. — Q. de chos..
j'aur.. eu.. à v. di..! — Ils on.. di.. tou..

les foli.. qu'ils on.. voul.. — Les chefs n'on..
pas montr.. la fermeté qu'ils aur.. d.. — N.
av.. fai.. tou.. les efforts q. n. av.. p.. —
Ramass.. les liv.. q. v. av.. fai.. tomb.. —
Elle s'e. présent.. à la porte ; je l'ai f. pass..
Leur famille les a f. interd.. — Je leur ai f.
travers.. la riv.. — Elle répéte les vers qu'on lui
a f. appr.. — Les d^lles q. j'ai f. peind.. ,
montr.. de bel.. disposit.. — Les d^lles q. j'ai f.
pein.. , s'ennuy.. beauc.. pendant qu'on fais..
leur portr.. — Les d^lles auxq.. j'ai f. pein.. des
fl.. ont parf.. réuss.. — Tel.. sont les réflex.. q. j'ai cr. util.. de v. soum.. —Voici
des réfl.. q.. j'ai cr.. ut.. — Voilà des fr..
q. je n'aur.. pas trouv.. bon.. à cueil.. —
J'aur.. f. tou.. les démarch.. q. j'aur.. supp..
nécess.. — Voilà une tâche q. j'ai trouv.. très-
diff.. à termin.. — Les pom.. d'api q. v. m'av..
envoy.. , je les ai reç.. gât.. — V. av.. conserv.. les liv. qui v. ont semb.. prop.. à instr..
— L'hom.. a rapproch.. les anim.. qu'il a jug..
ut.. de propag.. — N. n. som.. serv.. des
liv.. q. v. n. av.. laiss.. prend.. — Mme,
où sont les fl.. q. je v. ai v.. pein..? —
conn..-v. les romances q. v. av.. ent.. chant..?
— On a défrich.. tou.. les lieux qu'on a trouv..
suscept.. d'êt.. cult.. — Les gou.. d'eau q.
j'ai sent.. tomb.. sont tr.. froi.. — Qui répar..
les maux q. v. av.. laiss.. faire ? — All.. ,
dis-je, e. sach.. quel lieu les a v.. naître. —
Quelle e. donc cette prop.. , M. , q. je v. ai
ent.. discut.. avec tant de chal..? — Cette
m.. s'e. laiss.. all.. à sa pass.. — Pourq..
se ser..-elle laiss.. gouv..? — N. renonc.. aux
prétent.. q. n. n. ét.. prop.. de faire val..
— Ce n'e. point là la marche q. n. n. ét..
persuad.. q. v. suiv.. — Télémaque pren..
ses arm.. , don précieux de la sage Minerve,

qui les av.. f. faire par Vulcain. — Je les ai
laiss.. cour.. les spec.. — La plante mi.. en
libert.. garde l'inclinaison qu'on l'a forc.. à pren..
— Ne fai.. rien qui ne soit digne des maxim..
de vertu q. j'ai tâch.. de v. insp.. — N'e..
il pas louab. d'av.. cherch les pl.. noir.. coul..
qu'il a p..? — Nos ennem.. comptai.. sur une
vict.. cert.. ; ils se la sont v. arrach.. — M.rs
v. ne repr.. jam.. la supérior.. q. v. v. ét..
laiss.. enlev.. — Pourq.. ref..-v. les sec..
qu'elle s'e. empr.. de v. offr..? — V. lui reproch.. une conduite q. n. ne n. som.. jam..
aperç.. qu'elle ai.. ten.. — Elle n. a f. des offr..
dont elle a bien v.. q. n. n. som.. peu souc..
— L'entrep.. q. v. v. ét.. mi... en tête aur..
réuss.. — L'entrepr.. qu'ils se sont mi... en
tête d'exéc.. m'a par.. imposs.. — Pourq..
s..-elle mi.. à ri.. dès qu'elle n. a aperç..
venir ? — Le fils d'Ulysse senti.. la faute qu'il
av... fai. d'attaq.. ainsi le frère d'un des rois ses
alliés. — Voici la route q. n. n. som.. décid...
à suiv.. — Où e. ta sœur ? Je l'ai trouv.. bien
afflig.. — Cette dame q. j'av.. cr.. afflig.. en
lui fais.. ce triste récit, je l'ai v.. ri.. — Elle
ri.., et moi je l'av.. cr.. affl.. — Les arb..
sont abat.. ; je les ai v.. déracin.. — Les pers..
q. j'ai v.. accab.. de doul.. sont déjà consol..
— Les fem.. q. v. av.. v.. accab.. d'outrages
cette pauv.. fille, m'ont indign..

Le poète Delille adress.. ces beau.. ver.. à sa
chatte : C'e. là q. tu vivrai.., ô toi don.. La-
fontaine eu.. vant.. les attrai.., ô ma chère
Raton, qui, rare en ton espèce, eu.. la grâce
du cha.. e. du chien la tendresse ; qui, fière
avec douceur, e. finé avec bonté, ignora.. l'é-
goïsme, à ta race imputé. Là, je voudrais te
voir, telle q. je t'ai vu.., de ta molle fourrure

élégamm.. vêt.. , affectan.. l'air distrai.. ,
jouan.. l'air endorm.. , épier nne mouche, ou
le ra.. ennemi, si funeste aux auteurs, don..
la den.. téméraire ronge indifféremm.. Du Bar-
tas e. Voltaire, ou telle q. tu vien.. , minau-
dan.. avec ar.. , de mon sobre dîner sollicit..
ta par.. ; ou bien, le do.. en voûte e. la
queue ondoyan.. , offrir ta douce hermine à ma
main caressan.. , ou dérang.. gaîmen.. , par
1,000 bon.. diver.. , e. la plume e. la main
qui t'adress.. ces ver..

Notre ennem.. e. moins redoutab.. q. v. ne
l'av.. di.. — La victoire n'e. pas aussi complète qu'on l'a annonc.. — La rivière e. beauc..
pl.. profon.. q. n. ne l'av.. cr.. — Notre
victoire e. bien moins importante q. tu ne l'av..
suppos.. — Ce jeu n'e. pas aussi difficile q. je
me l'ét.. imagin.. — La nui.. e. encore plus
obsc.. q. v. ne me l'av.. di.. — J'ai fai..
connaiss.. avec madame votre tante, je ne l'aur..
jam.. cr.. aussi spirit.. ; je v. assur.. q. je
l'ai trouv.. fort aimab.. ; sa fille e. pl.. instrui..
q. je ne l'av.. pens.. — L'opérat.. q. tu t'e.
propos.. de termin.. m'a par.. être pl.. diff..
q. tu ne te l'étai.. persuad.. — J'ai commenc..
à expliq.. cet auteur ; je l'ai trouv.. facile à
compr.. — Votre nièce est touj.. telle q je l'ai
conn...

Il s'e. elev.. des murmur.. violen.. à cette
proposition. — Le peu d'expérience que j'ai ac-
qui.. dans l'art de la parole, m'a donn.. lieu
d'être utile à quelq.. citoy.. — Ces terrib.. instan.. ont épuis.. le peu de force que j'av..
consery.. ; et si je n'av.. lutt.. contre moi-même
avec tou.. l'énergie q. m'a donn.. la nature, je
serai.. deven.. insens.. , ou je me serai.. déchir..
le sein. — Voyez ces plant.. sauvag.. q. j'ai

laiss.. croître ; leurs fl.. épanou.. , de form..
e. de couleurs si vari.. , on.. sans doute produi..
un plus bel effet q. des tas de pierr.. — Le nombre des habitan.. d'Agrigente ne s'élèv.. aujourd..
qu'à 20,000 : dans les anciens temps , il doi.. av..
été de 800,000. Tel e. le degré de décadence où
elle se trouv.. descend.. — On voyai.. dans
le même temple , un fameu.. tab.. de Zeuxis,
représentan.. Hercule au berceau , e. 2 serpen..
périssan.. entre ses bra.. Le peintre, jugean..
lui-même cet ouvrage inestimab.. , ne voulu..
point le vendre , mais le donn.. à la ville d'Agrigente , e. exig.. qu'on le plac.. dans le temple
d'Hercule. Ces chefs-d'œuvre de l'ar.. on.. ét..
perd.. — Nos tyrans soupçonneu.. seron.. bientôt veng.. ; nos citoy.. tremblan.. , avec n.
égorg.. , von.. pay.. de vos soins les effor..
inutil.. — Mais au moins je voudr.. qu'elle conn..
son roi : q. son cœur entrev.. , du sein de la
bassesse , de qui son imprudence outrag.. la tendresse ; qu'à l'asp.. des grandeurs qu'elle eû..
pu partag.. , son désesp.. secret serv.. à me
veng.. — Quoiq.. les personn.. pl.. éclair..
ai.. un souverain mépris pour les grossier.. su-
perstitions du peuple , ell.. ne fon.. auc.. difficult.. de se conform.. à tou.. ce q. demand..
les usag.. reçu.. — Ce soin de ne poin.. caus..
de scandale aux espr.. faib.. n. a donn.. une
opinion avantag.. de leur cœur e. de leur espr..
— Quelq.. effray.. q. fu.. les descript.. qu'on
n. av.. fai.. du ven.. nomm.. sirocco, quan..
je l'eu.. éprouv.. dans tou.. sa force , il sur-
pass.. de beauc.. notre attente. Quelq.. temps
avant qu'il souffl.. , n. av.. pr.. un nouv..
appartement voisin du rivage. — Le soleil , étonn..
de tant d'effets diver.. , eu.. peur de se voir inut..,
e. qu'un autre q. lui n'éclair.. l'univ..

91. 1° *Bénir* , fait au part. pass. *béni* , *bénie*,

sig. *loué*, *favorisé*, *glorifie* : et *bénie*, *bénite*, quand on parle d'objets matériels consacrés. 2°. *fleurir*, régulier, sign. *être en fleurs* ; sign. *prospérer*, *être célèbre*, il fait à l'imp. de l'ind. *florissait*, *florissaient* ; part. prés. et adj., *florissant*, *florissante*. — 3°. *Dire* et ses composés, 2° pers. pl. du prés. ind. : v. *dites*, *redites*, *contredisez*, *dédisez*, *interdisez*, *médisez*, *prédisez*. — 4°. *quelque chose*, toujours sing. masc. — *quelque temps*, touj. sing. — *quelque part*, adv., ou *une certaine part*, reste au sing. — mais on écrit *quelques parts*, sign. *quelques portions*. — 5°. *gent*, sing. fém., *nation*, *espèce*. — *gens*, au pl., veut au fém. l'adj. qui précède, et au masc. l'adj. qui suit. — *tous* devant *gens* reste au masc., lorsqu'il le précède immédiatement, ou lorsque *gens* est précédé d'un adj. dont le fém. ne diffère pas du masc. — 6°. *On* est au fém., lorsqu'il se rapporte nécessairement à une femme. — 7°. *y compris*, *non compris*, inv. devant le nom, *acc.* avec le nom quand ils le suivent. — *ci-joint*, *ci-inclus*, ne sont inv. que devant un nom sans article.

1° Soyez..., mon Dieu, v. qui daign.. me rendre, l'innoc.. et son noble org.. — v. êtes... entre tou.. les femmes. — le ciel a... tou.. vos entrepr.. — il m'a offer.. du pain... — voici une bouteil.. rempl.. d'eau... — les ames... de Dieu son... touj.. heureu.. — On appel.. eau... de cour, les vaines promesses. — On di.. aussi, des désagrém.. q. quelqu'un a éprouv.. par sa faute, q. c'e. pain... — 2° La pluie froide e. contraire aux vignes quand elles... — Charles V laissa le royaume dans un état... — Homère... environ 400 ans après la guerre de Troie. — Les arbr.., ne... pas encore, cette gelée ne fera aucun tou.. — Votre jardin e. rempl.. de plantes... — Les lettres étai.. ... sous Louis XIV. maintenant tou..

les sciences.. en France. — 3° Q. di.. – v. .
seign..? — Dans votre ouvrage, v. v. contred..
d'une page à l'autre. — si v. v. déd.., je me
déd.. aussi. — Les pers.. dont v. méd.. val..
mieux q. v. — v. v. interd.. les plaisirs les plus
innoc.. Les malh.. q. v. n. préd.. ne peuv..
arriv.. — pourq.. red. – v. sans cesse la même
chose? — 4°. *quelque chose* e. tomb.. de ma
poche. — s'il y a... q. v. ay.. désappr.. ,
di... le moi. — il y a... d'affect.. dans votre
style . — je reconnai.. cette femme ; je l'ai v. .
quelque part. — Tout le monde n'e.. pas venu ,..
sont de reste. — n. av.. pri.. .., à tes peines.
— 5°. La *gent* qui porte le turban. — Vive la ..
qui fend les airs ! — Les méch.. ... sont touj. .
rusé.. — c'e. aujourd.. la fête, la fête des
bon.. ... — q. veul.. tou.. ces, ... la ? —
quel.. ... v. ont suiv.. ? —tou . les honnêtes...
pensent ainsi. — ces sot.. ... se sont fâch.. —
6°. J'ai envoy.. chez Mlle ; mais on étai... fatig..
indispos.., on av.. la migraine. — 7°. y compr.. ses emplois, il a 150,000 f. de revenu. —
y... la leçon d'hier, n. av... 300 – vers à étud..
— la rente non... , v. me dev.. 800 f. — Les
terres arables non... , ce bien vaut 400,000 f. —
v. recevr.. *ci-join..*, *ci-incl..*, copie des deux
actes. — je trouve... , ..., les papiers q. je
demandais. — Les notes... , ... , v. fourni-
ront d'util.. renseignem..

92. L'article du superlatif s'accorde avec le nom
en genre et en nombre, lorsqu'on a pour but de
comparer l'objet dont on parle à tous ceux de son
espèce. Mais l'article du superl. reste inv., lorsque l'on compare l'objet à lui-même seulement dans
les différents degrés de la qualité qu'on lui attri-
bue. Cependant il faut éviter ce tour, lorsque le
fém. de l'adj. diffère beaucoup du masc. ; car

d'art. m. sing. produirait alors un effet désagréable. — l'art. reste encore inv., lorsque le sup. est un verbe ou un adv.

Les personnes l. pl. modest.. ne sont pas insensib.. aux louanges. — Dès les siècles l. pl. recul.., dans les contrées l. pl. barbar.., on reconnu.. la beauté de la vertu et l'empire du génie. — les temps et les lieux qui sont l. pl. loin de nous, excit. l. pl. notre curiosit.., e. cependant devrai.. n. intéress.. l. moins. — N. étions à l'endroit du fleuve ou les eaux sont sinon l. pl. profondes au moins l. pl. rapides. — On n. a fai.. l. pl. belles promesses. — C'e. votre cousine qui trav.. l. moins, mais c'e. elle aussi qui fini.. l. mieux son ouvrage. — qu'on ne conserve q. les arbr.. l. pl. droi.. e. l. pl. élevés. — la prospérité e. l. pl. forte épreuve de la sagesse. — N. fûmes obligés de partir au moment où n. y étions l. moins prépar.. — Mettez ici les volumes l. mieux reliés.

93. L'art. du sup. est encore inv., lorsqu'il peut se traduire par *au plus haut ou au moindre degré*, plutôt que par une comparaison avec les autres objets de la même classe : de sorte qu'il se rapporte plus particulièrement à l'adj. — Dans ce cas, le goût est le guide le plus sûr. —

Cette scène est une de celles qui fur.. l. pl. applaudies. (*appl. au pl. haut degré.*) — qu'on me nomme enfin, dans l'histoire sacrée le roi dont la mémoire est l. pl. révérée. Les obj.. qui lui étai.. l. pl. agréables étai.. ceux dont la forme étai.. unie, et la figure régul.. — La manière de n. vêtir est celle qui n. parai.. l. moins assort.. à la nature. — Les opérations, même l. pl.. sagement combin.., n'ont pas touj. le succès qu'on en espérai..

94. *Même* sign. *non-autre* ou *sembl.*
s'acc. avec le subst. auquel il se rapp. —
sign. *aussi*, est inv., et se rapp. à un v.
un adv. — *même* s'acc. avec le nom ou le
dont il est précédé; mais s'il est précédé de
sieurs subst., il est inv.

Les hommes on.. touj.. été les *mêm.* —
les trist.. lieux où n. av.. souffer.. ne
pas sans attrai.. — Les anim.. .. les pl..
roces, sont sensib.. aux bons traitemen.. —
agirons touj.. de... dans les... circonst.. —
bitan.., anim.., moissons, arbr.. .., ces h..
bar.. détruisai.. tou... — nos pleurs... ne p...
le touch... —la richesse, les talen.., les vertu..
faisai.. ombrage à ce peuple jalou.. de sa li-
berté. — nos ennemis eux- ... n. plaign..
... les vils troupeaux, tou.. senti.. leur fureur. — n. viendr.. n. ...

95. Le pron. relatif gouv. le subj. 1° quand
on est dans l'incertitude s'il existe, si l'on trouv..
une chose ayant la qualité que la proposition incidente exprime. 2°. Quand le pr. rel. est précédé d'un superl. ou d'un adj. qui en ait la valeur, de sorte qu'on indique une qualité, un état
que le subst. possède à l'exclusion de tout autre
objet de la même espèce.

Trouv... — moi un logement d'où je voi.. la
campagne. — Je cherche un maître qui connai..
plusieurs langues modernes. — Il v. faut un compagnon qui pourv.. à tou.. vos besoins. — .
voy.. un homme qui ri.. touj.. — prenez une
épouse qui v. plai.. — Je cherchai.. des livr..
qui m'amus.. et m'instruis.. en même temps. —
Je connaissais des ouvr.. qui trav.. parfaitement.
— voilà bien l'homme le pl... sot q. je connai.
— *J'ai* trouv.. ici les plus beaux arbr.. q.

j'... jam.. vus. — Je suis le seul qui... rencontr.. de tels obstacles. — Vos amis sont les
premiers qui... fai.. de telles objections. — Donnez-moi un livre qui ne m'endor.. pas. — Il n'y
a que toi qui fui.. — Il n'y a que v. q. n. *craign..*
— Je ne suis pas le premier qui... un tel danger. — Il me fait un homme qui ne... aucun danger. — prenez avec v. cet homme qui ne... aucun danger.

96. La v. PRONOMINAL a la forme d'un v. RÉF. ; et
l'action qu'il expr. ne peut être faite par le suj. : il
expr. au contraire une action éprouvée par le suj., et
dont on ne désigne pas l'auteur. *Cette viande se
mange froide*, sign. évidemment *cette viande est
mangée froide.* Ainsi le v. PR. a le sens du part.
simplement joint au v. être, et son part. s'acc. touj.
avec le suj.

Les provisions se sont consomm.. en peu de
temps.—La colonne s'étai.. ébranl..—Les feuilles se
son.. dispers..—La chose se serai.. publ..

On appelle ESSENTIELLEMENT RÉF. ceux qui ne sont
employés que comme réfl.—Ainsi on dit : *je m'empare, tu te souviens, elle s'enfuit ;* mais on ne peut
dire : *j'empare, tu souviens, elle enfuit* quelque
chose ou quelqu'un.—Dans les v. ess. réfl., le pron.
compl. est touj. C. D. ; car on peut touj. les décom-
poser par le v. *mettre* ou *trouver*, joint au nom de
l'action.—*S'empresser, s'emparer, s'enfuir, se soucier, se souvenir, se méfier, s'envoler, se soucier*,
sign. METTRE SOI (C. D.) en EMPRESSEMENT, en POS-
SESSION, en FUITE, en SOUVENIR, en MÉFIANCE, en
VOL, en SOUCI. Ainsi dans les v. ESS. RÉF., le part.
passé est touj. précédé d'un pr. C. D. avec lequel il
s'accorde.—On doit mettre dans la même classe et
soumettre à la même règle plusieurs v. qui changent
de sign. en devenant réfl. ; tels sont, 1° *se faire ;* 2°

s'attendre ; 3° *se passer* ; 4° *s'apercevoir* ; 5° *se douter* ; 6° *se prévaloir* ; c'est-à-dire, METTRE SOI (C. D.), 1° en HABITUDE ; 2° en ATTENTE ; 3° en PRIVATION ; 4° en CONNAISSANCE ; 5° en DOUTE ; 6° en PLUS GRANDE VALEUR.—Observez que les deux derniers sont les seuls v. neutres dont le part. ait un C. D. quand ils sont réfl.—Le v. *s'arroger* est le seul v. ess. réf. qui ait pour C. D. le nom de la chose, et pour C. I. celui de la personne.

FIN.

prescrire la formation et l'armement de
pagnies ou de subdivisions de compagnie
tillerie. L'ordonnance réglera l'organisa
la réunion ou la répartition des compag

39. Les artilleurs seront choisis par le
seil de recensement parmi les gardes n
naux qui se présenteraient volontaireme
qui réuniraient, autant que possible, les
lités exigées pour entrer dans l'artilleri

40 Partout où il n'existe pas de corps
dés de sapeurs-pompiers, il sera autan
possible, formé par le conseil de recense
des compagnies ou subdivisions de cor
gnies de sapeurs-pompiers volontaires, fa
partie de la garde nationale; elles seront c
posées principalement d'anciens officier
soldats du génie militaire, d'officiers et a
des ponts-et-chaussées et des mines, et d
vriers d'art.

41. Dans les ports de commerce et dan
ports maritimes, il pourra être formé des c
pagnies spéciales de marins et d'ouvriers
rins, ayant pour service ordinaire la pro
tion des navires et du matériel maritime s
sur les côtes et dans les ports.

42. Toutes les compagnies spéciales ç
courront par armes et suivant leur forc
mérique au service ordinaire de la garde
tionale.

2*

	de	de	de
	50 à 80	80 à 100	100 à 140
Capit. en 1er..	1	1	1
Capit. en 2e...	»	»	1
Lieutenans....	1	1	2
Sous-Lieut....	1	2	2
Sergent-major..	1	1	1
Serg.-fourrier..	1	1	1
Sergens.......	4	6	6
Caporaux.....	8	12	12
Tambours.....	2	2	2

(17)

---

(20)

les tableaux des articles 33, 35 et 37.
lieurs communes sont appelées à former une compa-
gardes nationaux de ces communes se réuniront dans
une la plus populeuse pour nommer leur capitaine,
ut-major et leur fourrier.

L'élection des officiers aura lieu pour
grade successivement, en commen-
r le plus élevé, au scrutin individuel
t, à la majorité absolue des suffrages.
s-officiers et caporaux seront nommés à la majorité
e scrutin sera dépouillé par le président du conseil
ement, assisté, comme il est dit dans l'article pré-
r au moins deux membres de ce conseil, lesquels
les fonctions de scrutateurs.

Dans les villes et communes qui ont
une compagnie, chaque compagnie
pelée séparément et tour à tour pour
r à ses élections.

Pour nommer le chef de bataillon et le
drapeau, tous les officiers du bataillon
pareil nombre de sous-officiers, ca-
ou gardes nationaux, formeront une
ée convoquée et présidée par le maire
nmune, si le bataillon est communal,
maire délégué du sous-préfet, si le
est cantonnal.

-officiers, caporaux et gardes nationaux chargés de
l'élection, seront nommés dans chaque compagnie.
scrutins d'élection seront individuels et secrets :
majorité absolue des suffrages.
s réclamations élevées relativement
ervation des formes prescrites pour
des officiers et sous-officiers seront,

---

motive du préfet, pris en
de préfecture, l'officier préalable-
ntendu dans ses observations.
é du préfet sera transmis immédiatement par lui au
b de l'intérieur. — Sur le rapport du ministre, la
n pourra être prolongée par une ordonnance du roi.
intervalle d'une année, ledit officier n'a pas été rendu
ctions, il sera procédé à une nouvelle élection.

Aussitôt qu'un emploi quelconque de-
a vacant, il sera pourvu au remplace-
suivant les formes établies par la pré-
oi.

Les corps spéciaux suivront, pour leur
ion et pour leurs élections, les règles
tes par les articles 38 et suivans.